Verfehlte Anfänge und offenes Ende /
Franz Kafkas poetische Anthropologie

Verfehlte Anfänge und offenes Ende /
Franz Kafkas poetische Anthropologie
by Gerhard Neumann

게르하르트 노이만

실패한 시작과 열린 결말 /
프란츠 카프카의 시적 인류학

신동화 옮김

일러두기

- 이 책은 2005년 독일 지멘스 학술재단(Carl Friedrich von Siemens Stiftung)이 출간한 주제들(THEMEN) 시리즈 중 93번째(Band 93)로 펴낸 게르하르트 노이만(Gerhard Neumann)의 『실패한 시작과 열린 결말 / 프란츠 카프카의 시적 인류학(Verfehlte Anfänge und offenes Ende / Franz Kafkas poetische Anthropologie)』를 한국어로 옮긴 것이다.

- 원문의 주석은 각주로 처리했으며, 설명의 성격을 갖는 옮긴이/편집자 주석은 각 장의 미주로 처리하였다. 원주에 설명을 덧붙이는 경우, 옮긴이 주 표시를 따로 해두었다.

- 원문에는 없으나 몇 가지 주요개념은 ' '로 강조했다. 또한 설명이 필요한 부분은 [ ] 처리를 하였다. 원문 중에서도 괄호가 겹치는 경우 부득이 ㄴ 」를 썼다.

- 외국의 인명, 지명, 작품명은 국립국어원의 외래어표기법을 따랐으나, 몇몇 인명의 경우 관례에 따라 표기한 경우도 있다.

Ex Captivitate Salus
감옥 같은 세상을 살아내는 지혜

창세기의 바벨에서 플라톤의 동굴로, 플라톤의 동굴에서 기독교의 지옥으로, 기독교의 지옥에서 베이컨의 우상으로, 베이컨의 우상에서 마침내 주커버그의 페이스북에 이르기까지, 우리가 물려받은 세상은 잔혹한 무지에서 비롯된 집요한 어둠으로 점철되어 있다. 그러나 히브리 성서를 그리스어로 옮긴 이름 없는 70인의 현자들이 개시한 번역의 역사는 저 가공할 어둠의 권세에 줄기차게 저항해 왔으며, 지금도 이 역사는 면면히 이어지고 있다. 멀고도 느닷없는 시간들 사이에서, 드세고 부질없는 언어들 사이에서, 번역과 번역가들은 모두를 위해 절실한 지혜의 가교를 놓는 일에 몰두하고 헌신한다. 그리하여 번역은 지혜의 모판이 되고, 지혜는 다시 번역(가)의 양식이 된다. '주제들(THEMEN)' 시리즈는 다양하고 웅숭깊은 지혜의 번역을 통해 화려한 첨단의 동굴, 한층 높아진 21세기의 바벨에 갇혀 두목답답한 모든 독자들의 충직한 청지기가 되고자 한다.

차례

INTRO

INTRO

INTRO

판단하는 생각은 아픔으로 괴로워했다.
격심한 고통을 더하며 아무런 도움도 되지 않았다.
마치 완전히 불타 버리는 집에서 건축의 근본 물음을
처음으로 던지는 것과 같다.*

프란츠 카프카(Franz Kafka)가 도대체 무엇으로 세계적 명성을 얻었는가는 예전부터 카프카 연구에서 평가의 쟁점이었습니다. 한편에는 미완성 장편소설(Romanfragmente)이 있습니다. 카프카의 친구이자 유고를 구출한 사람인 막스 브로트(Max Brod)[1]는 카프카 사후 이를 완성된 작품으로 출간했

---

*   Franz Kafka: *Schriften. Tagebücher. Briefe. Kritische Ausgabe*. Hg. von Jürgen Born, Gerhard Neumann, Malcolm Pasley und Jost Schillemeit. *Nachgelassene Schriften und Fragmente* Ⅱ. Hg. von Jost Schillemeit. Frankfurt am Main 1992. 이 판본의 인용 출처는 앞으로 약어 및 쪽 수로 표시. 여기서는 KKAN Ⅱ 13.―텍스트를 전문적으로 세심하게 정리해 준 안나 슈미트(Anna Schmidt) 씨에게 진심으로 감사의 인사를 전한다.

으며, 이로써 말하자면 장편소설 작가 카프카의 기획자로 자리매김했습니다. 다른 한편에는 단편산문(Kurzprosa)이 있습니다. 카프카의 단편산문은 문학에 비유담(比喩談 / Parabel)[2]이라는 새로운 형식을 선사했으며, 다른 이들은 (그리고 카프카 자신도) 단편산문을 카프카 문학의 정점으로 봅니다.[*]

카프카를 처음 비평한 사람 중 하나인 발터 벤야민(Walter Benjamin)은 카프카의 텍스트를 실패자의 텍스트[**]로, 교양소설(Bildungsroman)[3] 형식의 삶-서술(Leben-Erzählen) 프로젝트를 더 이상 완수할 수 없는 작가의 텍스트로 읽자고 제안했습니다. 그리고 카프카의 현대성은 무엇보다 그에게 실패가 실존적인 것이 되었다는 데 있다고 봤습니다.

---

[*]   카프카의 단편산문을 선호한 사람 중에는 그 사이 전설이 된 카프카 책(*Franz Kafka. Parable and Paradox*, Ithaca 1962. Dt. Übersetzung: *Franz Kafka, der Künstler*. Frankfurt am Main 1965)을 쓴 하인츠 폴리처(Heinz Politzer)도 있다. 카프카 자신은 단편 「판결(Das Urteil)」을 집필하고 나서 일기에서 환호한다. "오직 이렇게만 쓰일 수 있다. 오직 이런 연관에서만. 이렇듯 몸과 마음이 완전히 열린 상태에서." Franz Kafka: *Kritische Ausgabe. Tagebücher*. Hg. von Hans-Gerd Koch, Michael Müller und Malcolm Pasley. Frankfurt am Main 1990. 이 판본의 인용 출처는 앞으로 KKAT 및 쪽수로 표시. 여기서는 KKAT 461.[「Das Urteil」은 「선고」로 옮긴 경우도 있으나, 여기서는 「판결」로 옮겼다.—옮긴이]

[**]   폴리처가 비유담 개념을 끌어온 것은 발터 벤야민의 영향 때문이라 할 수 있다. 벤야민은 카프카 사망 10주기를 맞아 추모글을 썼다. *Franz Kafka. Zurzehnten Wiederkehr seines Todestages*, in: *Benjamin über Kafka. Texte, Briefzeugnisse, Aufzeichnungen*. Hg. von Hermann Schweppenhäuser. Frankfurt am Main 1981. 이 판본의 인용 출처는 앞으로 약어 BüK 및 쪽수로 표시; 여기서는 BüK 9-38.

우선 카프카의 글과 그에 내포된 인간상을 오랫동안 분석한 벤야민의 연구를 따라가며 논의를 전개하겠습니다. 벤야민의 카프카 분석을 재구성함으로써 저는 카프카에게서 전통적 서술의 종말로 이어진 새로운 인류학적 사상이 왜 필연적이며, 어떤 새로운 형식의 단편산문이 전통적 서술을 대체하는지 근거를 제시하려 합니다.

1 카프카가 왜 자신의 글들이 불태워져 사라지기를 바랐는지, 그렇다면 왜 스스로 폐기하지 않고 그것을 친구인 막스 브로트(1884-1968)에게 유언으로 남겼는지는 영원한 미스터리로 남을 것이다. 브로트가 유언을 들어주지 않음으로써 무엇보다 카프카의 미완의 세 편의 장편소설(『실종자』 『소송』『성』)은 그의 손을 거쳐 세상에 남게 되었고, 덕분에 카프카는 단편산문 작가에 그치지 않게 되었다고 할 수 있다. 나아가 브로트는 카프카 전기작가이자 유력한 논평가가 되었는가 하면 카프카를 자신의 소설의 주인공으로 삼기도 했지만 그의 카프카 이해와 해설을 어떻게 받아들일 것인가는 별개의 문제일 것이다. 이에 대한 글로는 모리스 블랑쇼의「카프카와 브로트」(『카프카에서 카프카로』, 이달승 옮김, 그린비, 2013, 160-175쪽)가 참고할 만하다.

2 Parabel은 한국에서 우화(寓話)로 옮기는 경우도 있으나 이 책에서는 모두 비유담으로 옮겼다.(정작 카프카는 자신의 작품을 두고 비유담이란 용어를 사용하지 않았다. 본문 51쪽 원주 참조.) 비유담이 카프카 문학에서 처음 도입된 것은 당연히 아니겠지만, 그의 작품들에서 두드러진 형식을 이루고 있음은 분명하다. 이와 관련하여 벤야민은 다음과 같은 말을 하기도 했다. "카프카의 출발점은 실제로 우화, 비유이다. 우화는 이성에 책임을 지고 있다. 그렇게 때문에 우화는 액면 그대로 보자면 이성에 대해서 완전히 심각해질 수는 없는 것이다. 하지만 이러한 우화는 그럼에도 불구하고 기술적 형상화에 종속되어 있다. 이 기술적 형상화가 점점 커져서 하나의 소설이 되는 것이다. 엄격히 말하면 이 기술적 형상화는 처음부터 소설이 될 맹아를 그 자체 속에 지니고 있었던 셈이다."(발터 벤야민,「브레히트와의 대화」,『발터 벤야민의 문예이론』, 반성완 편역, 민음사, 1983, 42-43쪽) 아울러 여기서 카프카의 유고 중에「비유에 관하여(Von den Gleichnissen)」라는 단편도 떠올려 볼 필요가 있다. 막스 브로트에 의해 1931년에 출판된 이 단편의 내용은 일종의 '비유에 관한 비유'이다

3 일반적으로 교양소설(Bildungsroman)은 한 개인의 자아 형성과 그 개인의 사회로의 통합을 주제로 하는 것으로 특히 독일문학의 전통에서 발생한 소설 유형이라 정의된다. 여기서 교양(Bildung)은 형성(bilden)이라는 동사를 명사화한 것으로 자기형성을 의미하는데, 단순히 지식이나 기술을 익히거나 기성사회의 질서나 규범을 습득하는 것을 넘어 사회현상을 자기 정신의 성장과정에 따라 내면적으로 파악할 뿐 아니라 현상 자체에 전 인간적인 보편적 가치를 부여하는 데 특징이 있다. 이 책에서 언급되기도 하는 괴테(Johann Wolfgang von Goethe)의『빌헬름 마이스터의 편력시대(Wilhelm Meisters Wanderjahre)』(1829)가 대표적인 예라고 할 수 있는데, 이 19세기 교양소설이 추구하는 전인성(全人性)이 자본주의적 현대성의 심화 속에서 어떻게 분열될 수밖에 없는 것인지, 카프카의 '실패'가 이와 어떻게 관련되어 있는지를 해명해 가는 것이 이 책의 주제라고 할 수 있다.

임마누엘 칸트: 「추측해 본 인류사의 기원」

Immanuel Kant: *Mutmaßlicher Anfang der Menschengeschichte*

임마누엘 칸트: 「추측해 본 인류사의 기원」

인류학에 대한 발터 벤야민의 관심은 잘 알려져 있습니다. 그가 인류학 분야에 관해 남긴 일련의 기록은 『전집(Gesammelte Werke)』 6권에서 찾아볼 수 있습니다.[*] 이 기록에서는 인류학 역사의 핵심 문헌 하나가 중요한 역할을 합니다. 임마누엘 칸트(Immanuel Kant)가 1786년에 출간한 에세이 「추측해 본 인류사의 기원(Mutmaßlicher Anfang der

---

[*] Walter Benjamin: *Gesammelte Schriften* VI. Hg. von Rolf Tiedemann und Hermann Schweppenhäuser, Frankfurt am Main 1989, 54-89쪽. 이 책의 인용 출처는 앞으로 약어 B VI 및 쪽수로 표시. 아케이드 프로젝트를 위해 수집한 발췌문 중 특히 '생리학'의 유행에 관한 것도 참조. in: Walter Benjamin: *Gesammelte Schriften* V, 2. Hg. von Rolf Tiedemann, Frankfurt am Main 1982, 971-981쪽. (Konvolut P Anthropologischer Materialismus, Sektengeschichte).

Menschengeschichte)」이 바로 그것입니다.* 이 에세이가 인류학에 관한 벤야민의 글에 나타나는 것은 분명 우연이 아닙니다. 벤야민은 가령 구직을 위해 작성한 숱한 이력서 등 자신을 소개하는 글에서 자신이 칸트 독자임을 일찍부터 계속 드러냈습니다.** 저는 벤야민이 실제로 다룬 이 에세이에 대한 그의 지식을 배경으로 벤야민의 인류학을 자세히 탐구하려 합니다.

칸트는 「추측해 본 인류사의 기원」에서 다름 아닌 '서사적 인류학', 즉 텍스트를 다시 이야기하고 읽으면서 인식을 얻는 인류학을 구상합니다. 이 인류학은 본보기가 되는 인간 및 인류의 이력(Lebenslauf)을 제시합니다. 칸트는 인간의 기원과 본질을 이야기하는 데 있어 세 가지 문제점이 있다고 봅니다. 첫째, 인류사의 기원은 이야기할 수 없습니다. 사실과 목격자가 없기 때문입니다. 모든 인류학의 이러한 본질적

*   *Mutmaßlicher Anfang der Menschengeschichte*, in: Immanuel Kant: *Werke in sechs Bänden*. Hg. von Wilhelm Weischedel. Band Ⅵ. *Schriften zur Anthropologie, Geschichtsphilosophie, Politik und Pädagogik*. Darmstadt 1964, 85-102쪽. 이 판본의 인용 출처는 앞으로 약어 K 및 쪽수로 표시.[한국어 번역본은 다음을 참조. 임마누엘 칸트, 이한구 편역, 「추측해 본 인류 역사의 기원」, 『칸트의 역사 철학』, 서광사, 2009, 79-100쪽.—옮긴이]

**   벤야민은 이 텍스트의 내용을 발췌한다.(B Ⅵ, 156 이하.)

아포리아(Aporia)는 카프카에게도 해당합니다. 둘째, 이처럼 '시원(始原 / arche)'이 없음에도 칸트는 사실적 요소와 더불어 허구적 요소를 끌어들여 "추측"을 해볼 수 있다고 생각합니다. 사실적 요소가 남겨둔 빈자리를 허구가 채우는 것입니다.

> …… 전적으로 추측에 기대 역사를 만들어 내는 일은 소설을 구상하는 일보다 그다지 나을 것이 없어 보인다. 또한 여기에는 추측해 본 역사가 아니라, 순전한 허구라는 이름이 붙을 것이다.(K 85)

셋째, 바로 이렇듯 불충분한 점이 있으므로 칸트는 또 다른, 진짜 출처가 더해져야 한다고 말합니다.

> 바로 그렇기 때문에, 그리고 여기서는 순전히 유람 여행을 떠나 보는 것이기 때문에, 나는 스스로에게 너그러워져도 괜찮을 것이다. 즉 나는 성스러운 증거 문헌을 여행지도로 쓸 수 있으며, 그와 동시에, 비록 이성을 통해 경험으로 연결되는 실마리가 없지는 않지만, 내가 상상력의 날개를 타고 떠나는 여행의 경로가 증거 문헌에 역사적으로 미리 표시된

바로 그 길과 만난다고 상상해 볼 수 있다.(K 85 이하.)

여기서 성스러운 증거 문헌이란 구약성서의 창조 이야기와 에덴동산 이야기를 뜻합니다. 이처럼 접근할 수 없는 사실, 이성에 근거한 허구, 해독해야 할 "성스러운" 텍스트로부터 완성되는 인류학의 근원은 중요 사건인 에덴동산의 인간 타락(Sündenfall) 그리고 죄의 문제입니다. 이때 죄의 문제에 대한 칸트의 견해는 분명합니다. 즉 칸트에게 인간 타락은 기독교적 / 신학적인 것, 구원으로 없앨 수 있는 것이 아니라, 인간이 스스로를 도야(陶冶)해 계몽해 나갈 수 있는 기회입니다. 비이성에 빠져 스스로 지은 죄를 이성적 행동으로 다시 없앨 수 있는 두 번째 기회가 인간에게 있는 것입니다. 홀로, 자유로운 인간으로서, 구세주에게 기대지 않고 말입니다. 칸트는 인간이 "자신을 괴롭히는 악 때문에" 섭리를 "탓해서는 안 된다"고 씁니다. 그리고 인간에게는 "자신의 잘못을 …… 시조(始祖)의 원죄(Erbsünde) 탓으로 돌릴 ……" 권한이 없습니다. 인간은 오히려 그러한 잘못을 "스스로가 저지른 것으로 인정해야 마땅"합니다. 칸트는 인간이 "따라서 이성을 잘못 사용하여 생긴 모든 악에 대한 책임을 전적으로 자신에게 돌려야 한다 ……, 인간은 자신이 같은 상황에서 시조와 마찬가지로 행동할 것이며, 처음

이성을 쓸 때 그것을 (자연의 지시조차 거스르며) 잘못 사용했을 것임을 아주 잘 알 수 있기 때문이다"라고 결론짓습니다.(K 101 이하.)

칸트의 주장에서 우리 논의에 중요한 것은 그가 법적 가르침도 철학적 구조도 아닌, 이야기로서의 인류학을 구상한다는 점입니다. 칸트는 인류학을 서사라 가정하고 이로써 낙관적이고 계몽적인 계획에 이릅니다.

그러므로 철학적으로 구성해 본 태곳적 인류사에서 중요한 것*은 섭리와 인간사(人間事) 전반의 흐름에 대한 만족이다. 인간사는 좋은 쪽에서 출발하여 나쁜 쪽으로 가는 게 아니라, 보다 나쁜 쪽으로부터 보다 좋은 쪽으로 점차 발전해 나아간다. 그리고 한 사람 한 사람은 이러한 진보를 위해 힘이 닿는 한 각자의 몫을 다하도록 자연으로부터 이미 사명을 받은 것이다.(K 102)

칸트는 종교가 성스러운 텍스트로 제시하는 것을 철학

---

* 　여기서는 '성과', '소득'을 뜻함.

으로 다시 이야기하려 합니다. 인간 타락과 죄라는 대물림
된 저주를 이성을 통한 계몽의 기회로 바꾸는 인류학이 그
것입니다. 그리하여 인간 타락은 세속적 형식의 구원인 계
몽에 자극제가 됩니다. 칸트가 생각하는 인류학이란 스스
로를 계몽해 가는 개별 주체 및 인류 전체의 이력을 생생하
게 그리는 것입니다.*

---

* 19세기는 이로부터 인류학적 서사인 교양소설을 도출한다. 교양소설 장르에
대한 카프카의 실험[특히 『실종자(Verschollenen)』] 역시 이 전통을 잇는다.

발터 벤야민의 자서전적 인류학

Walter Benjamins Anthropologie als Autobiographie

발터 벤야민의 자서전적 인류학

벤야민 자신은 그러한 인류학을 자서전 형식으로 섬세하게 나타냈습니다. 벤야민의 인류학은 간단하게는 이력서에서(B Ⅵ 215-228), 복잡하게는『베를린의 유년시절(Berliner Kindheit)』[1]의 자서전적 실험에서 드러납니다.『베를린의 유년시절』에서 벤야민은 유년시절 이야기를 역사적 인류학의 장난감 블록으로 사용합니다. 이 실험극 가운데에는 새로운 방식으로 인간 공동체를 조직하는 한 매체의 문화적 경력(Karriere)이 있습니다.

벤야민이 전기 매체의 도입, 대표적으로 전화기 때문에 일어난 패러다임 전환을 토대로 인류학적 경력을 현대적으로 다시 이야기하며 내세우는 결정적인 논증은 니클라스 루만(Niklas Luhmann)을 빌려 "개인성(Individualität)의 생산"[2]이라 일컬을 수 있는 것의 새 버전입니다.[*] 그것은 유기적 주체의 경력이라기보다는, 공동체를 세우는 기술적 소통 매체의 경력입니다. 여기서 말하는 것은 '운반된' 목소리의 매체입니다. 그 목소리는 전화기를 통해 세상에 왔습니다. 벤야민은 자신이 보기에 개인 개념을 뒤엎는 이 매체의 문화적 성공담을 관찰하여 『베를린 유년시절』의 단문 「전화기(Das Telephon)」에 기록해 두었습니다.[**]

전화기의 구조 또는 기억의 구조 때문이겠지만, 확실한 것은 내 귀에 첫 번째 통화 소리의 잔향이 오늘날의 그것과는 완전히 다르게 남아 있다는 점이다. 그것은 밤의 소리였다. 그 소리를 전하는 뮤즈는 없다. 그 소리를 낳은 밤은 모

[*] Niklas Luhmann: *Copierte Existenz und Karriere. Zur Herstellung von Individualität. Zur Herstellung von Individualität*, in: Ulrich Beck und Elisabeth Beck-Gernsheim (Hg.): *Riskante Freiheiten. Individualisierung in modernen Gesellschaften*, Frankfurt am Main 1994, 191–200쪽.

[**] Gerhard Neumann: *Nachrichten vom »Pontus«. Das Problem der Kunst im Werk Franz Kafkas*, in: *Franz Kafka Symposium 1983. Akademie der Wissenschaften und der Literaturzu Mainz*, Hg. von Wilhelm Emrich und Bernd Goldmann. Mainz 1985, 101–157쪽 참조. 이 논문은 프란츠 카프카가 묘사한 전화-꿈을 토대로 논지를 전개한다. 카프카는 1913년 1월 22일과 23일 프라하에서 펠리체 바우어(Felice Bauer)에게 보낸 편지에서 꿈 이야기를 한다. 이 꿈은 카프카의 글쓰기와 관련해 매체에 대한 상상을 보여 준다.[4]

든 참된 신생에 앞서 오는 밤과 똑같았다. 그리고 새로 태어난 것은 전화기 속에 잠들어 있던 목소리였다. 매일, 매시간 전화기는 나의 쌍둥이 형제였다. 그래서 나는 전화기가 탄탄대로를 밟으며 처음의 굴욕을 이겨 내는 모습을 직접 볼 수 있었다. 왜냐하면 당시 입구 쪽 방에서 위세를 뽐내던 샹들리에, 난로 가리개, 실내 종려나무, 벽 탁자, 작은 원탁, 돌출 창 밑벽이 이미 오래전에 망가지고 죽었을 때, 마치 산골짜기로 쫓겨났던 전설적인 영웅 같이, 전화기가, 어두운 복도를 뒤로 하고, 불이 켜져 더 밝으며 이제는 보다 젊은 세대가 사는 방으로 위풍당당하게 입성했기 때문이다. 전화기는 젊은 세대의 외로움을 위로해 주었다. 이 형편없는 세상을 떠나려던 희망 없는 이들에게 마지막 희망의 빛을 깜박여 주었다. 버림받은 이들의 잠자리 동무가 되어 주었다. 또한 전화기는 추방당했던 시절의 날카로운 목소리를 따스하게 울리는 소리로 누그러뜨리던 참이었다. 모두가 전화기의 호출을 학수고대하거나 그것을 죄인처럼 떨며 기다리는 곳에서 다른 무엇이 더 필요했겠는가. 오늘날 전화기를 쓰는 사람 중에 한때 전화기의 등장이 가정의 품 안을 어떻게 황폐하게 만들었는지를 아직도 아는 이는 많지 않다. 2시에서 4시 사이, 학교 친구가 또 나와 통화를 원할 때면 전화기에서 울리던 소리는 경보 신호와 같았으며, 부모님의 오후 휴식은 물론이고, 부모님이 직접 살아가며 몰두하던 세계사적 시대에도 방해가 되었다. 아버지가 민원 처리 부서에 내지르던 온갖 위협과 호된 질책은 차치하더라도 전화 교환수와의 의견 충돌은 일상이었다. 하지만 실제로 아버지가 몰두한 것은 손잡이였다. 아버지는 무아지경에 이를 때까지 몇 분이고 손잡이를 돌리느라 열심이었다. 이때 아버지 손은 도취되어 환락에 빠진 이슬람 수도승 같았다. 하지만 나는 가슴이 뛰었다. 그런 때면 직무 태만에 대한 벌로 담당 여자 직원에게 호된 벼락이 떨어질 것이 뻔했기 때문이다. 그 시절에 전화기는 왜곡되고 추방당하여 뒤쪽 복도 한구석에서 더러운 세탁물을 넣는 통과 가스탱크 사이에 걸려 있었다. 그곳에서 울리는 전화 소리는 베를린 가정을 더욱더 공포에 빠뜨릴 뿐이었다. 그리고 내가 거의 제정신을 못 차리며 컴컴한 복도를 한참 더듬거린 끝에 전화기에 닿아서, 소동을 멈추려, 아령만큼 무거운 양수화기를 잡아채고 그 사이로 고개를 들이밀 때면, 나는 전화기에서 말하는 목소리에 가차 없이 내맡겨졌다. 내게로 밀려드는 목소리의 엄청난 힘을 누그러뜨릴 수 있는 것은 아무것도 없었다. 나는 목소리가 나로 하여금 시간과 의무와 계획을 생각하지 못하게 하고 내 생각을 부질없게 만들어도 무기

력하게 건넜으며, 전화기가 저편에서 자신을 장악한 목소리를 따르듯, 나 또한 전화기를 통해 처음 제시된 제안을 바로 순순히 받아들였다.[*]

이 글에서 벤야민이 보여 주는 것은 요약된 '매체인류학(Medien-Anthropologie)'이며, 여기서는 '매체의 경력'과 '삶의 행로(Lebens-Lauf)'가 주체의 그것과 더불어 중요한 역할을 합니다. 좀 더 자세히 살펴보면 벤야민은 숨은 세 인용문을 이용해 변화하는 인류학적 모델을 구축합니다. 세 인용문이란 바로 콘라트 페르디난트 마이어(Conrad Ferdinand Meyer)[3]의 시, 카프카의 짧은 텍스트 「황제의 메시지(Eine Kaiserliche Botschaft)」 그리고 모세오경 1권 3장 1절 이하의 성경 구절입니다.

전화기의 보급이라는 형태로 나타난 매체의 혁신으로 주체는 거의 목소리로 축소되며 목소리 속에서 부재하면서 현존하고, 종합되면서 파편화된 듯합니다. 매체는 주체를 '기각(棄却)'합니다. 이 순간 두 가지 경력이 나란히 시작됩니

---

[*] Walter Benjamin: *Gesammelte Schriften*. Band IV, 1. Hg. von Tillman Rexroth. Frankfurt am Main 1972, 242-243쪽.

다. 즉 몰래 귀 기울여 듣는 아이와 사회의 총애를 받으며 가파르게 성장하는 전화기는 "쌍둥이 형제"가 됩니다. 개인적이고 유기적인 몸의 경력은 기술 매체의 경력과 함께 발전해 나갑니다. 이러한 맥락에서 벤야민은 매체 역사와 그 변화에 대한 논의의 첫 번째 선행 텍스트(Prätext)를 자신의 텍스트에 삽입해 대비시킵니다. 마이어의 시 「밤의 소리(Nachtgeräusche)」가 그것입니다. 이 시는 기술이 배제된 19세기의 소통 구조와 단일한 매체성을 매혹적으로 그려냅니다.

밤의 소리

밤의 소리를 전해 다오, 뮤즈여,

잠 못 드는 이의 귀로 밀려오도록!

먼저 개들이 경계하며 짓는 친숙한 소리,

그 다음에는 시간을 헤아리는 종소리,

그 다음에는 강가에서 두 어부가 대화하는 소리,

그 다음에는 깨지지 않은 정적의

희미한 유령 소리뿐,

싱그러운 가슴이 호흡하는 소리,

깊은 샘물이 속삭이듯 흐르는 소리,

노를 젓는 둔탁한 소리,

그 다음에는 잠의 들리지 않는 발소리.[*]

여기, 마이어의 시에서 외부 세계와의 소통은 살며시 귀를 기울이는 일에서 시작해 주의 깊게 소리를 듣는 일과 자기 안의 소리를 지각하는 일로 점차 바뀝니다. 그리고 이러한 내면화 과정의 끝에서는 세상의 소리가 사라지기에 이릅니다. 이는 세계와 자아 사이에서 벌어지는 고독의 유희입니다. 현실의 소리는 서서히 몸의 소리에 대한 은유, 즉 숨 쉬는 소리, 피 흐르는 소리, 심장 박동 소리가 됩니다. 꿈과 에로스, 죽음을 한데 엮는 것은 유기적인 몸의 세계입니다. 무의식에 대한 지식은 그 세계로 가는 입구를 찾아낸 것이지요. 이러한 지각의 매개체는 기술이 아니라 뮤즈(Muse)입니다. 그리고 뮤즈의 매체는 시입니다. 벤야민은 바로 이 대목을 마이어의 시에서 인용합니다. 왜냐하면 마이어의 시는 (미심쩍은) 기술 장치가 빛 속으로, 즉 "더 밝으며 이제는 보다 젊은 세대가 사는 방으로" 들어가며 밟은 "탄탄대로"의 한참 뒤에 남겨진 19세기의 자연적 소통 모델을 (그 미적 아우라와

[*]   Conrad Ferdinand Meyer: *Sämtliche Werke. Historisch-kritische Ausgabe.* Hg. von Hans Zeller und Alfred Zäch. Erster Band. Bern 1963. 26쪽.

함께) 완벽히 묘사하기 때문입니다.

　새로운 매체인 전화기는 양면적 모습을 보입니다. 한편으로는 통화 중인 사람을 몸의 세계로부터 쫓아내므로 고독을 불러오지만, 다른 한편으로는 바로 그 고독을 치유해 줍니다. 전화기는 목소리로 외로움을 위로해 주고, 희망 없는 이들에게 마지막 희망의 빛을 깜박여 주며, 버림받은 이들의 잠자리 동무가 되어 줍니다.

　벤야민 텍스트의 두 번째 수수께끼 대목은 외로움의 원인이자 치유 수단인 전화기와 관련됩니다. 여기서 벤야민은 소통의 문화적인 원(原)장면(Urszene)이라 할 수 있는 또 다른 숨은 인용문들을 배치합니다. 첫 번째 장면으로 벤야민이 암시하는 것은 카프카의 짧은 이야기 「황제의 메시지(칙명)」입니다. 두 번째 장면은 구약성서에 기록된 인간 타락 이야기입니다.[*] 벤야민의 텍스트는 현재 상태를 이전 상태와 비교하면서, 집에 있는 사람들을 호출하는 전화소리에 대해 이야기합니다. "모두가 전화기의 호출을 학수고대하거나 그것을 죄인처럼 떨며 기다리는 곳에서 다른 무엇이 더 필요했겠는가." 앞서 전화기의 자리를 점유하던 것은 지상 또는 천상의 군주, 즉 황제나 신이었고, 그들의 호출이었습니다. 첫 번째 경우, 즉 카프카의 「황제의 메시지」는 불가해한 제도의 세계에서 황제가 전령 귀에 속삭인 (끝까지 내용을 알 수 없는) 메시지가 멀리 피신한 신하에게로 가는 경로를 그립니다. 여기서는 현대 소통 구조의 주요 모델 중 하나인 사회적 위계 내 소통 모델이 나타납니다.[5] 두 번째 경우, 즉 구약성서에 대한 암시는 신의 명령을 위반한 데 죄의식을 느끼고 숨는 자의 소통 태도를 그립니다. 여기서는 인간 타락이 일어난 태곳적 세계, 즉 금지와 뱀, 선악과를 따먹은 일, 선악과를 먹자 생겨나는 죄의식 등이 소환됩니다. 성경에는 다음과 같이 적혀 있습니다.

8. 그들이 날이 서늘할 때에 동산에 거니시는 여호와 하나님의 음성을 듣고 아담과 그 아내가 여호와 하나님의 낯을 피하여 동산 나무 사이에 숨은지라.

9. 여호와 하나님이 아담을 부르시며 그에게 이르시되 네가 어디 있느냐.

10. 가로되 내가 동산에서 하나님의 소리를 듣고 내가 벗

었으므로 두려워하여 숨었나이다.[6]

벤야민은 19세기에서 20세기로 전환되는 시기에 인류학적 주체 개념에 나타난 패러다임 변화를 소통 구조 면에서 세 가지 숨은 인용문으로 스케치합니다. 콘라트 페르디난트 마이어는 자연의 유기적 흐름에 속한 인간을 보여 줍니다. 이때 자연과 인간의 몸을 매개하는 것은 (시의) 목소리입니다. 벤야민은 카프카의 영향을 받은 인류학으로 제도의 세계, 몸을 규율화하는 건축의 세계, '이유 없는 죄'의 세계를 경험합니다. 목소리, 곧 유기체와 전화기 사이에서 진동하는 '기술적' 목소리는 [마침내] 몸에서 분리됩니다. 배제된 몸은 망아(忘我)적 황홀경으로, 이슬람 수도승의 빙빙 도는 춤으로, 환락과 도취로 자신의 존재를 적극적으로 표현합니다. 전화기 손잡이를 마구 돌리는 아버지의 모습은 이를 분명히 보여 줍니다.

1 벤야민은 1920년대 중반부터 19세기 말에 태어나 베를린에서 보낸 유년시절을 회상하는 글을 시작했지만 그러한 일련의 에세이들은 그의 생전 책으로 출간되지는 못했으며 1950년에 테오도르 아도르노(Theodor Adorno)에 의해 편집되어 비로소 책의 형식으로 나왔다. 이들 에세이의 초기 형태라 할 수 있는 「베를린 연대기」의 발췌본이 「베를린의 유년시절」이란 제목으로 처음 한국어로 번역 소개되었던 것인데(『발터 벤야민의 문예이론』, 반성완 편역, 민음사, 1983, 14~17쪽), 이후 출간된 발터 벤야민 선집 3(윤미애 옮김, 길, 2007)에는 발터 벤야민 『전집』 제6권에 실린 「베를린 연대기」와 제4권에 실린 「1900년경 베를린의 유년시절」 그리고 제7권에 실린 이 책의 최종판 서문이 함께 실려 있다. 본문에서 언급하고 있는 책은 「1900년경 베를린의 유년시절(Berliner Kindheit um Neunzehnhundert)」이다.(본문의 번역은 한국어판을 따르지는 않았다.)

2 루만(Niklas Luhmann; 1927~1998)은 근대적 개인성의 원천이 사회 속에서 (근대 이전의) 계층 분화가 기능 분화로 이행한 것에 있다고 이야기한다. 기능적 분화를 받아들임과 더불어 개인은 이제 사회의 단일한 하위체계 속에 확고한 위치를 가질 수 없게 되고, 오히려 사회적으로 전위(轉位)되는 존재가 된다. 모든 사람은 어떤 의미에서 낯선 자, 주변적 개인이 되는 것이다. 어떤 전체적 실체에도 속하지 못한 채 그런 많은 실체들과 상호작용(커뮤니케이션)하지 않을 수 없기 때문에 개인들은 자신과 환경의 차이를 …… 자신의 방식으로 해석[혹은 자기생산(Autopoiesis)]하도록 더욱더 자극받는다.(지그문트 바우만, 『자유』, 문성원 옮김, 2002, 81쪽 참조) 그런데 이 사람들 간의 의사소통에서 중요한 것은 사람이 아니라 소통 자체이다. 사람들이 소통하는 것이 아니라 오직 소통만이 소통한다. 이러한 상황은, 벤야민의 기록에서처럼, "개인 개념을 뒤엎는" 기술적 매체의 성공에 따른 것이다

3 콘라트 페르디난트 마이어(Conrad Ferdinand Meyer; 1825~1898)는 19세

기 후반 스위스의 대표적 시인, 소설가이다. 특히 시에서 언어의 조형미를 최대치로 추구하여 독일시에 새로운 장을 열었다고 평가받는다. 형상시(形象詩)의 선구라고 할 서정시를 묶은 『시집』(1882)의 사랑과 죽음을 노래한 투명한 어구로 후일 게오르게(Stephan George), 릴케(Rainer Maria Rilke)의 선구로 말해지기도 한다.

4 28쪽의 지은이 주에서 언급되는 카프카의 꿈-전화 이야기는 특징적이다. "어제는 꿈속에서 전화 수화기를 집어 귀에 대고 '폰투스'에 관한 소식을 들으려 했습니다. 그러나 전화기에서는 슬프면서도 위력적인 음악 소리와 바다의 파도 소리밖에 들리지 않았습니다. 인간의 목소리가 이러한 음을 통해서는 전달될 수 없다는 것을 알았지만 포기하지 않았고 자리를 뜨지도 않았습니다." 이렇게 시작한 편지는 속기사인 약혼녀 펠리체 바우어에게 동전을 집어넣으면 받아쓰는 '대화재생기'를 전화기에 연결하거나 대화재생기에서 우편함처럼 타자기 글로 옮겨진 내용을 우체국으로 넘기는 사업을 구상해 보라고 제안하기도 한다. 『카프카의 편지—약혼녀 펠리체 바우어에게』(변난수 외 옮김, 솔, 2017) 302-304쪽 참조.

5 전령은 메시지를 가지고 떠나지만 첩첩히 둘러싸인 궁궐의 방들조차 통과하지 못한다. 그는 지칠 줄 모르는 강인한 남자였지만, 어느 누구도 왕도(王都)를 뚫고 나갈 수가 없다. 「황제의 메시지」는 이렇게 끝난다. "그러나 밤이 오면, '당신'은 창가에 앉아 그 메시지가 오길 꿈꾸고 있다."

6 성서 번역은 『해설·관주 성경진서 독일성서공회판』(대한성서공회, 1997)을 따랐다. 12쪽에서 인용.

카프카의 인류학: 의심의 여지가 없는 죄

Kafkas Anthropologie: die Zweifellosigkeit der Schuld

카프카의 인류학: 의심의 여지가 없는 죄

필연이자 기회인 죄는 칸트에게 "인류사의 기원"을 나타
냅니다. 죄는 카프카 작품의 핵심 모티프이며 벤야민에게는
지대한 관심의 대상이기도 합니다. 벤야민의 유고(遺稿)로
전해지는 "다양한 내용의 단편"* 중에는 유대교와 기독교, 그
리스의 죄 개념을 비교하는 메모가 있습니다. 벤야민은 "유
대교적 사상: 죄의 무결(無缺)성"이 "기독교의 '죄악'과 대립
된다"고 씁니다. 또한 "'삶은 죄이다'는 고대적이고 유대교
적이며, '원죄'는 기독교적이다"(B VI, 196)라고 합니다. 이
모두는 구세주, 즉 메시아의 존재와 도래를 필요로 하는 죄

---

* 　벤야민 『전집』 6권에 수록되어 있다. B VI, 7-211.

모델입니다.

벤야민은 카프카를 이러한 맥락과 연결합니다. 카프카 또한 '성스러운 증거 문헌', 다시 말해 구약성서의 창세기를 돌아보며 죄의 문제를 드러내기 때문입니다. 1916년 7월 9일에 카프카는 막스 브로트에게 씁니다. "나는 성경은 조금만 들여다볼 뿐이네. 그게 전부지."* 죄의 문제에 관한 카프카의 가장 중요한 논거는 다음 기록에 나옵니다.

인간 일족에 대한 신의 분노
두 그루 나무[1]
이유 없는 금지
모두(뱀, 여자, 남자)에게 내려진 벌
……
인간은 더 이상 나의 영(靈)에게 벌을 받으려 하지 않는다.(KKAT 789)

더는 이성으로 없앨 수 없는, '이유 없는 죄'는 또한 발터 벤야민의 사유틀(Denkfigur)이 됩니다. 벤야민은 카프카가 수

---

*   KKAT 194 주해.

치(Scham)의 문화이기도 한 죄의 문화에서 글을 썼다고 봅니다. 그리하여 서로 연관되며, 수치가 죄를 나타내는 '감정'으로 기능하는* 세 범주를 부각합니다. 첫 번째는 에덴동산의 인간 타락 상황²입니다. 여기서는 신의 금지를 위반한 결과로 수치가 생겨나며 이 수치는 성적 수치로 정의됩니다. 두 번째는 "성(性)이라는 선물"을 제대로 쓰지 않은 데 대한 수치입니다. 죽기 이 년 전에 쓴 일기에서 카프카는 과거를 돌아보며 질문을 던집니다. "너는 성이라는 선물을 가지고 무엇을 했는가?"** 그리고는 스스로 대답합니다. "실패했다고 사람들은 결국 말할 것이다. 그게 전부일 것이다."(KKAT 879) 마지막 세 번째는 「변신(Die Verwandlung)」의 그레고르 잠자나 「학술원에 드리는 보고(Ein Bericht für eine Akademie)」의 원숭이 빨간 페터의 예처럼 인간 존재를 포기한 것과 관련된 수치입니다. 그래서 벤야민은 카프카에 대해 기록합니다. "동물 존재란 그저 그에게 일종의 수치 때문에 인간의 모

*   "혐오와 수치. 카프카에게서 나타나는 두 감정의 관계와 의미", BüK 114 인용.

**   카프카의 삶에서 중요했던 이 물음에 관해서는 다음 논문 참조. Gerhard Neumann: »Was hast Du mit dem Geschenk des Geschlechtes getan?« Franz Kafkas Tagebücher als Lebens-werk, in: Autobiographisches Schreiben und philosophische Selbstsorge, Hg. von Maria Moog-Grünewald, Heidelberg 2004, 153-174쪽.

습과 지혜를 포기했다는 뜻이었던 것 같다."* 이 모두는 장편 소설 『소송(Proceß)』의 마지막에서 주인공의 잊지 못할 말로 압축되어 나타납니다. "'개 같군!' 그가 말했다. 마치 그가 죽어도 수치는 계속 남을 것처럼."** 이는 단편 「유형지에서(In der Strafkolonie)」에서 내려지는 판결인 "죄는 언제나 의심의 여지가 없습니다."***에 대한 요제프 K의 대답입니다.

*   Walter Benjamin: *Über Literatur*. Frankfurt am Main 1969. 앞으로는 약어 BüL 및 쪽수로 인용 출처 표시. 여기서는 BüL 201.

**   Franz Kafka: *KritischeAusgabe. Der Proceß*. Hg. von Malcolm Pasley. Frankfurt am Main 1990. 앞으로는 약어 표현 KKAP 및 쪽수로 인용 출처 표시. 여기서는 KKAP 312.

***   Franz Kafka: KritischeAusgabe. DruckezuLebzeiten. Hg. von Wolfgang Kittler, Hans-Gerd Koch und Gerhard Neumann. Frankfurt am Main 1994. 앞으로는 약어 표현 KKAD 및 쪽수로 인용 출처 표시. 여기서는 KKAD 212.

1 '두 그루의 나무'란 선악과(인식의 나무)와 생명의 나무를 말한다.

2 카프카의 유고 노트에 나오는 '낙원'과 '원죄'에 대한 이야기 속에 그려진 인간(인류)의 처지는 칸트의 그것과는 자못 다르다. 카프카에 따르면, 인간은 "보다 나쁜 쪽으로부터 보다 좋은 쪽으로 점차 발전해" 나아가는 것이 거의 불가능한 것으로 보인다. 그 메모(「낙원」) 속에는 다음과 같은 말이 나온다. "그[우리]는 이 지상의 시민으로 자유로우면서도 안전하다. 왜냐하면 그는 사슬에 매여 있는데, 그 사슬은 지상의 모든 공간을 자유롭게 활보하는 데 충분하면서도 지상의 경계 너머로 갈 수는 없는 길이기 때문이다. 동시에 그는 천상의 시민이기도 하며 자유로우면서도 안전하다. 왜냐하면 그는 지상의 것과 비슷한 길이인 천상의 사슬에 매여 있기 때문이다. 이제 그가 지상으로 가려 하면 천상의 목줄이 그를 죌 것이고, 천상으로 가려 하면 지상의 목줄이 그를 죄어 올 것이다." 이 운명은 설명될 수 없는 부조리함 자체이다. "신은 아담이 인식의 나무(선악과)를 먹게 될 그날 죽을 것이라 말했다. 신에 따르면 인식의 나무 열매를 먹으면 죽는다는 것이다. 뱀의 말에 따르면 신과 똑같이 된다는 것이다(적어도 그런 말로 이해할 수는 있다). 둘 다 비슷하게 틀렸다. 인간은 죽은 것이 아니라 죽을 수밖에 없는 존재가 되었다. 그들은 신과 같아지지는 않았지만 그렇게 되는 데 꼭 필요한 능력 하나를 얻게 되었다. 또 둘 다 비슷하게 옳았다. 죽은 것은 인간이 아니라 낙원의 인간이었다. 그들은 신이 되지는 않았지만 신적인 인식이 되었다." 그렇다면 이 '신적인 인식'으로 인간이 할 수 있는 일이란 무엇이 있을까. 구원은 "인식 저편"에 있으므로 [우리는] "그 누구도 인식만으로는 만족할 수 없으며, 오히려 그 인식에 따라 행동하려 애써야 한다는 것"은 알고 있다. 그러나 "우리에게는 그럴 수 없는 힘이 없으며, 필요한 힘을 얻지 못할 위험을 무릅쓰고도 스스로를 파괴"하는 마지막 시도밖에 남아 있지 않다. 그러나 우리는 이 시도조차 두려워하고 있다. "오히려 이제 그는 선악의 인식을 역행시켜 애초부터 없던 일로 했으면 한다('원죄'란 표현의 유래도 이러한 불안으로 거슬러 올라간다). ……

합리화가 생겨난 것도 이러한 목적 때문이었다. …… 그것은 인식을 여전히 도달해야 할 목표로 상정하고는 인식된 사실을 위조하려는 시도인 것이다." 어떻게 해서 칸트의 계몽주의적 낙관은 이와 같이 카프카의 존재에 대한 근원적인 불안('이유 없는 죄'로 인한)과 '희망 없는 희망'을 향한 시시포스적인 고통스런 인식으로 변해버린 것일까. 이 책은 이에 대한 해명이라고 말할 수 있다.(프란츠 카프카, 『비유에 대하여』, 김성화 옮김, 아름다운 날, 2016, 39-44쪽에 있는 단편 「낙원」「두 가지 원죄」「두 가지 진리」 참조.)

교양소설의 시나리오,
그리고 카프카의 실패하는 이력의 인류학

Das Szenario des Bildungsromans
und kafkas Anthropologie des scheiternden Lebenslaufs

교양소설의 시나리오,
그리고 카프카의 실패하는 이력의 인류학

더 이상 생산적 기회가 보이지 않는, 이유 없는 죄에 대한 수치는 인생의 실패가 애초에 결정된 인류학으로 이어집니다. "카프카가 자신의 실패를 강조하며 보인 열성보다 더한 열성은 상상할 수 없네."(BüL 202) 게르숌 숄렘(Gershom Scholem)은 카프카의 인류학에 관한 벤야민의 이해에서 실패의 중요성을 처음으로 알아봤으며 그에 관여하면서 여러 고찰을 제시했습니다. "새로운 고찰의 핵심으로 상정한 카프카의 근본적 실패를 자네가 어떻게 이해하는지 나도 기꺼이 알고 싶네. 하지만 자네는 그 실패를 뭔가 갑작스럽고 당혹스러운 것으로 여기는 듯하군 ……"(BüK 89) "그런데 왜 '실패'일까? 그가 정말로 그 말을 언급했다면 말이야. 그리고 그것이 진리가 없다는 뜻이든, 그로부터 무엇이 밝혀지든 말일세."(BüK 90) 숄렘의 물음은 실패 개념을 새로이 해석할 수 있는 길을 열어 줍니다. 가령 실패를 특히 현대인의 체험 양상 및 사건 양상으로, 그리고 아직 현대인의 실존을 표현할 수 있는 유일한 형식으로 해독할 수 있지 않을까 하는 것이 그것입니다.

벤야민 자신도 숄렘의 물음을 세분화하는 작업에 끈질기게 매달립니다. 실패라는 문제는 벤야민에게 이중으로 나타납니다. 한쪽에는 인생 경력, 가령 카프카 소설 속 주인공들의 전형적 실패가 있습니다. 다른 한쪽에는 그런 망가진 인생 경력을 표현하려는 문학적 형식의 실패가 있습니다. 카프카는 교양소설을 쓰려고 애쓰며 문학 경력을 시작했습니다. 교양소설의 주인공은 인생 경력을 궤도에 올리려 애씁니다. 교양소설 전통에서 핵심은 주인공이 두 가지 경력, 다시 말해 직업 면에서나 사랑 면에서나 '성공'하는 것입니다. 이를 그 계승자들까지 통틀어 '빌헬름 마이스터(Wilhelm Meister)' 모델이라 부를 수 있을 것입니다. 그렇다면 카프카 작품은 20세기 초에 19세기 교양소설 전통을 잇는 마지막 지맥 중 하나이며, 새로운 문학적 예술 형식, 다시 말해 장편소설을

"비유담"*으로, 통합체(Syntagma)를 계열체(Paradigma)¹로 압축한 형식을 얻기 위한 투쟁의 기록이라 할 수 있습니다.

따라서 카프카의 일기에 나타나는 최초의 대규모 문학적 계획 역시 '폐허에 사는 작은 남자(Der kleine Ruinenbewohner)'라는 제목(카프카가 붙인 제목은 아닙니다)을 단 (자전적 색채가 뚜렷한) 교양소설이었습니다.(KKAT 17 이하 참조.) 이 텍스트의 첫 문장은 다음과 같습니다. "곰곰이 생각해 보면 내가 받은 교육이 여러모로 나를 심하게 망쳤다고 할 수밖에 없다. 나는 어딘가 외딴곳, 가령 산 속 폐허에서 교육을 받지 않았다 ……"(KKAT 17) 여기서는 교육에 대한 생각이 도시 건축물과 루소식 자연 낙원 사이에 자리합니다. 주인공은 도시 문화에서 받은 교육 때문에 자신이 망가졌다고 생각합니다. 그는 자유롭고 야생적인 자연에서의 성장에 대해 환상을 품

---

*   카프카 자신은 결코 비유담을 언급하지 않는다. 그는 "프로메테우스" 텍스트에 대해서는 "설화(Sage)"라는 표현을(KKAN II 69), 『소송』 '대성당' 챕터의 문지기 텍스트에 대해서는 "전설(Legende)"이라는 표현을 쓴다. "13 VII 14 작업하는 대신 – 나는 단 한 쪽만 썼다(전설의 해석) – 완성된 챕터들을 읽었고 그중 일부를 좋다고 생각했다. 그러면서도 가령 내가 특히 전설에 대해 느끼는 것 같은 모든 만족감과 행복감이 분명 대가를 치를 것이라고, 그것도 결코 회복할 수 없게 나중에 대가를 치를 것이라고 내내 의식했다."(KKAT 707 이하.) Gerhard Neumann: *Aphorismus-Anekdote-Parabel. Zur Gattungsbestimmung von Kafkas Prosaminiaturen*, in: *Kafka and Short Modernist Prose*. Hg. von Manfred Engel und Ritchie Robertson. Oxford 2001 참조.

고 있으며, 결국 그가 살아가고 생존하려는 곳은 무성한 초목으로 뒤덮인 폐허입니다. 여기서 카프카가 교양소설 이야기를 위해 상보(相補)적으로 구상된 두 가지 모델을 불러낸다는 것은 아주 명확합니다. 그것은 바로 유기적 성장 모델과 건축적 구성 모델입니다.

카프카의 일기에는 이 소설을 시작하려는 시도가 여섯 차례에 걸쳐 나타납니다. 그리고 그의 시도는 여섯 차례 정체됩니다. 그럼에도 교양소설의 이념이 카프카를 얼마나 매혹했는지는 펠리체 바우어(Felice Bauer)에게 쓴 편지에 나타납니다. 편지에서 카프카는 세계문학의 가장 위대한(물론 부정적 의미가 함축된) 교양소설과 관련해 자신의 소망을 드러냅니다. 그 소설은 바로 귀스타브 플로베르(Gustave Flaubert)의 『감정 교육(L'Education sentimentale)』[2]입니다. 카프카는 1912년 12월 4일과 5일 편지에서 씁니다.

사랑하는 그대여, 나는 낭독을 굉장히 좋아합니다. 준비를 갖추고 주의를 기울이는 청중의 귀에 대고 큰 소리로 외칠 때면 비참한 마음이 너무나도 행복해집니다. …… 아시나요, 사람들에게 명령하거나 하다못해 자신의 명령을 믿는 일.

몸에 이보다 큰 쾌감을 주는 일은 없답니다. 어린아이였을 때, 몇 년 전만 해도 그랬죠, 나는 사람들이 꽉 들어찬 강당에서, 물론 그때보다 조금 더 튼튼한 심장과 더 풍부한 성량 그리고 더 강한 정신력으로 『감정 교육』 전체를 쉼 없이, 필요하다면 며칠 밤낮이고, 물론 프랑스어로(아, 사랑스러운 그 발음!) 낭독하고 그리하여 벽이 울리는 장면을 즐겨 상상하곤 했습니다.*

카프카는 삶을 이야기하는 전범(典範)적 고전 작가의 상(像)과 자신을 동일시합니다. 여기서 지배적인 것은 교육가적 충동입니다. "사람들에게 명령하"는 일은 카프카의 표현처럼 "큰 쾌감"을 선사합니다. 즉 처음에 카프카는 낭독하는 데 시간이 거의 무한정 필요한 고전적 소설 유산을 계승하려 하지만 곧 그가 쓰기 시작하는 소설이 금방 정체되고 도저히 완결되지 않는 경험을 자꾸만 합니다. 그의 소설은 '실패한 시작'과 '열린 채로 남는 결말' 탓에 좌초합니다. 여러 카프카 비평판은 카프카가 두 핵심 부분을 작업하며 얼마나 주저했는지 보여 줍니다. 또한 그가 한쪽 끝에서 다른 쪽 끝까

---

* Franz Kafka: *KritischeAusgabe. Briefe 1900-1912.* Hg. von Hans-Gerd Koch. Frankfurt am Main 1999, 298쪽.

지 작품을 더 잘 구성하기 위해 때때로 시작 부분과 끝 부분을 동시에 써 나가는 모습도 보여줍니다[3]. 이미 일찍이 카프카는 그럴 때면 "내가 장편소설 작업을 하며 수치스럽고 비루한 글쓰기 상황에 처했다는 입증된 확신"(KKAT 461)에 사로잡힌다고 확언했습니다. 그는 자신이 더 이상 소설 도입부를 주인공의 삶이 유기적으로 발전하는 출발점으로 구성하지 못하리라는 점을 깨닫습니다. 하지만 괴테식 모범은 바로 그 일을 해냅니다. 『연극적 사명(Theatralische Sendung)』[4]의 빌헬름 마이스터를 떠올려 보십시오. 여기서는 인형극 선물이 삶 이야기의 모델이 됩니다. 탄크레트와 클로린데[5]의 사랑의 조우(遭遇)라는 상연된 시나리오가 있고, 빌헬름의 삶은 이 시나리오에 따라 형성됩니다. 빌헬름은 사랑이란 사랑하는 존재에게 고통을 가하는 일이라는 점을 이 시나리오에서 배웁니다. 마리아네와 조우하고, 아들 펠릭스를 낳습니다. 즉 처음에는 성적인 동시에 이미 문학적으로 매개된 조우가 있고, 이 '원(原)장면'으로부터 인생행로의 서사가 유기적으로 전개됩니다. 이러한 도입부는 거대한 소설 작품을 거쳐, 마치 부성(父性 / Vaterschaft)의 담보물을 사회적으로 되찾는 듯 물에 빠진 아들 펠릭스를 구해 소생시키는 『편력시대(Wanderjahre)』[6]의 결말부까지 이어집니다. 그렇다면 카프카의 미완성 장편소설 세 편 또한 단 한 편의 거대한 교양소설로 읽을 수 있습니다. 왜냐하면 K 기호가 붙은 동일한 인물(『실종자(Der Verschollene)』의 카를 로스만(Karl Roßmann)과 『소송(Der Prozeß)』의 요제프 K, 그리고 마지막으로『성(Das Schloß)』의 K)이 다양한 유기적, 사회적 발전 단계에서 등장한다고 할 수 있기 때문입니다.『실종자』에서는 가정부에게 유혹을 당해 추방된 열일곱 살 사춘기 소년이 '무한한 가능성의 땅'인 미국에서 성적으로나 경제적으로나 똑같이 교양의 경력(Bildungskariere)을 시작해야 합니다.『소송』의 주인공인 서른 살 독신 남성은 직장을 가졌으며 성적, 가정적, 경제적으로 계속 경력을 이어가려 합니다. 마지막으로『성』에는 일자리를 구하는 가장이 등장합니다. 그는 과거의 직업적 지위와 가정을 포기하고 두 번째 경력을 시작하려 노력합니다. 따라서 그는 나머지 반생을 위한 건축적 전략을 찾고 있습니다. 토지측량사로서, 즉 준비하는 자로서, 조경(造景), 곧 삶의 건축을 설계하는 자로서 말입니다.

카프카는 세 장편소설 중 한 편도 완성하지 않았습니다. 더 정확히 말하자면, 세 부분으로 구성된 이 거대한 장편소설을 완성하지 않았습니다. 오히려 카프카는 장편소설 작업이 정체될 때면 짧은 산문 작품을 쓰는 데 계속 전념했습니다. 그는 아리스토텔레스식으로 시작과 중간, 끝으로 규정된 거대 장르인 장편소설과 삶의 위기를 순간적으로 압축하는 데 집중하는 단편산문 사이를 오갔습니다. 다음에서는 인류학적, 문화적 조건을 진단하고 이러한 실패의 문학적 형식을 분석하겠습니다.

1 원래 현대 언어학의 용어. '통합체'는 연속되는 낱말의 결합을, '계열체'는 선택 및 상호 대체가 가능한 낱말들의 집합을 가리킨다. 각각 '연사 관계(연사체)'와 '연합 관계'라는 용어로 번역되기도 한다. 페르디낭 드 소쉬르, 『일반언어학 강의』, 최승언 옮김, 민음사, 2006, 170~175쪽 참조.

2 19세기 프랑스 문학의 혁명가일 뿐 아니라 20세기 이후 모더니즘 문학과 누보로망의 선구자 귀스타브 플로베르(Gustave Flaubert; 1821~1880)의 대표작이자 자전적인 소설로 『보바리 부인(Madame Bovary)』, 『살람보(Salammbô)』에 이어 플로베르가 문학적 절정에 다다른 1869년 발표한 세 번째 장편소설이다. 『감정 교육』은 섬세하고 무기력한 한 청년의 생애를 음악적이며 균형 잡힌 문체로 그려 낸 걸작으로 인생을 선형적이며 일차원적으로 보지 않는 플로베르의 심오한 세계관과 더불어 플로베르 문학에 담긴 세련된 균형과 실험적 미학이 돋보이는 작품으로 평가받는다.

3 장편소설 『소송』이 그러한 예이다. 작품을 쓰기 시작한 지 얼마 지나지 않아(1914년 8월 14일) 그는 첫 장 '체포'와 마지막 장 '종말'을 거의 동시에 썼다. 중간 부분의 장들은 이후 비연속적으로 써나가려는 생각이었지만, 끝내 다 끝내지 못하고 다른 장편소설 『실종자』와 『성』과 마찬가지로 미완성(실패)으로 남았다.

4 괴테(Johann Wolfgang von Goethe; 1749-1832)의 소설 『빌헬름 마이스터의 수업시대(Wilhelm Meisters Lehrjahre)』의 모태인 『빌헬름 마이스터의 연극적 사명(Wilhelm Meisters theatralische Sendung)』을 가리킨다.

5 이탈리아 르네상스 문학의 대표적 소네트 시인 토르콰토 타소(Torquato Tasso; 1544-1595)가 쓴 서사시 「해방된 예루살렘(Gerusalemme liberata)」의 등장인물이다.

6 『빌헬름 마이스터의 편력시대(Wilhelm Meisters Wanderjahre)』를 가리킨
  다. 괴테는 『빌헬름 마이스터의 연극적 사명』에서 시작해 『빌헬름 마이스
  터의 수업시대』와 『빌헬름 마이스터의 편력시대』에 이르는 거대한 프로
  젝트를 50여 년에 걸쳐 완성했다.

삶의 "경력"

Die "Karriere" des Lebens

삶의 "경력"

벤야민은 이력, 즉 성적, 사회적, 경제적 경력의 실패를 카프카 인류학의 핵심으로 봅니다. 니클라스 루만은 현대 사회에서의 개인성의 생산에 대한 짧은 에세이에서 20세기 삶을 이해하는 데 중요한 것으로 경력 개념을 제안합니다.* 과거의 여러 중요한 인류학은 이러한 삶의 경력 개념을 다양한 방식으로 풍성하게 만들었습니다. 프란츠 카프카는 신의 뜻을 섬기는 경력으로서 약속과 실현의 형상적 도식을 따르는 신학적 모델**뿐 아니라 "보다 나쁜 쪽으로부터 보다 좋은

---

*   Niklas Luhmann: *Copierte Existenz und Karriere. Zur Herstellung von Individualität*, 191–200쪽.

**   Erich Auerbach: *Figura*, in: Erich Auerbach: *Gesammelte Aufsätze zur romantischen Philo-*

쪽으로" 가는 과정에서 이성적 인간이 자각에 이른다는 계몽의 모델에도 이의를 제기합니다. 그는 또한 적자생존의 생물학적 경력, 즉 생존 장치(Überlebens-Dispositiv)인 다윈주의적 '진화' 개념도 익히 알았습니다.* 경력 개념과 관련해 "삶의 경주로(競走路)"**라는 이미지 공식(Bildformel)을 만든 것은 토머스 홉스(Thomas Hobbes)였습니다. 홉스는 삶의 행로란 항상 일등이 되려는 목표를 눈앞에 둔 경주와 다름없다는 비유로부터 경주(race)의 의미장(Wortfeld)을 전개하며, 이러한 인생행로에서 나타나는 다양한 "열정"을 하나하나 자세히 논합니다. 하인리히 폰 클라이스트(Heinrich von Kleist)[1] 가 1805년 1월 7일에 포츠담의 에른스트 폰 푸엘(Ernst von Pfuel)[프로이센의 장군으로 클라이스트의 친구였다. 클라이스트가 폰 푸엘에게 쓴 편지들에서는 동성애적 분위기가 엿보인다]에게 쓴 편지는 문학사에서 삶의 경주로라는 이미지

logie. Bern-München 1967, 55-92쪽 참조. 또한 Gerhard Neumann: *»Ein Bericht für eine Akademie«. Kafkas Theorie vom Ursprung der Kultur*, in: Franz Kafka: *Ein Landarzt, Interpretationen*. Hg. von Elmar Locher und Isolde Schiffermüller. Bozen 2004, 275-293쪽 참조.

* Manfred D. Laubichler: *Die Virtuosität der Natur im Spiegel der Naturwissenschaft*, in: *Liechtensteiner Exkurse* VI. *Virtuosität*. Hg. von Norbert Haas, Rainer Nägele und Hans-Jörg Rheinberger. Eggingen 2007, 153-175쪽 참조.

** Thomas Hobbes: *The Elements of Law Natural and Politic*. Hg. von Ferdinand Tönnies. London 1889, 여기서는 47쪽.

공식이 지나온 길에서 중요한 중간 지점을 표시합니다. 클라이스트는 "일 년 전에 우리는 드레스덴에서 서로의 품속으로 달려들었지!"라고 회상하며 글을 이어 갑니다.

경주에 대한 열망으로 전율하는 우리 마음 앞에, 마치 경주로처럼, 세상이 무한히 열렸지! 그런데 이제 우리는 서로 포개져 쓰러진 채, 결코 지금처럼 찬란해 보인 적 없는 결승점을 향해 시선으로 완주하며, 우리가 쓰러질 때 일어난 먼지에 휩싸여 누워 있지! …… 우리가 다시 그렇게 포옹할 수는 없을 것이네! 우리가 나중에 회복되어(인간은 무엇에서든 치유되니까!) 지팡이를 짚고 서로를 다시 만난다 해도 그렇게 포옹할 수는 없을 것이네.*

클라이스트를 피를 나눈 형제라 칭한 적 있는 프란츠 카프카는 이러한 전통을 이으며 차별화합니다.

문화적으로 이 실패의 근저에는 세계 인식의 패러다임 변화가 있으며 카프카는 이를 자신의 인간상에 반영합니다. 변화한 세계 인식은 벤야민이 [근대성의] "충격(Schock)"이

---

* Heinrich von Kleist: *Sämtliche Werke und Briefe*, Zweiter Band, Hg. von Helmut Sembdner, Darmstadt 1981, 749쪽.

라 일컫는 것으로 다시금 표현됩니다. 벤야민이 보들레르 (Charles Baudelaire)의 세계에서 직접 찾아냈으며*, 앞으로 논의하겠지만 카프카에게도 뚜렷이 나타나는 이 방향 설정의 충격(Orientierungsschock)은 이력을 실패로 이끕니다. 더불어 교양소설 형식으로 "삶을 글로 변형하는 일"(BüK 78)도 실패합니다. 장편소설의 실패는 다시금 새로운 형식 원칙, 즉 의미가 부재하는 "비유담"으로 표현됩니다.

벤야민의 테제는 카프카가 "상보(相補)적 세계에서" 산다는 것이었습니다.** 이 개념을 통해 벤야민은 A. S. 에딩턴 (Arthur Stanley Eddington)[2]의 1931년 책 『물리적 세계의 본성 (The Nature of the Physical World)』에서 알게 된 세계 모델을 자기 것으로 삼았습니다. 이 책의 주제는 아포리아입니다.

---

* 벤야민의 표기는 "Chock". 카프카와 달리 벤야민에게 충격은 미적 아우라를 지닌다. Walter Benjamin: *Charles Baudelaire. Ein Lyriker im Zeitalter des Hochkapitalismus*. Hg. von Rolf Tiedemann, Frankfurt am Main 1974. 여기에서 충격의 경험은 유명한 소네트 「지나가는 여인에게(A unepassante)」와 연결된다. 43쪽; 또한 108쪽 이하 참조, 108, 128. [벤야민의 위의 책 『샤를 보들레르: 자본주의 전성기 시대의 시인』은 완성된 2부 「보들레르 작품에 나타난 제2 제정기의 파리(Das Paris des Second Empire bei Baudelaire)」와 3부의 집필을 위한 단상들 「중앙공원(Zentralpark)」이 『발터 벤야민 선집 4』 (김영옥·황현산 옮김, 길, 2010)에 번역 수록되어 있다.—옮긴이]

** 이 단락과 다음 단락은 지그리트 바이겔(Sigrid Weigel)의 논증을 따른다. Sigrid Weigel: *Walter Benjamin. Die Kreatur, das Heilige, die Bilder*. Frankfurt am Main 2008, 202쪽 이하 참조.

에딩턴에 따르면, 통합할 수 없는 두 가지 요소인 "과학과 신비주의"(SW 204)가 현대 세계를 규정합니다. 그리고 "서로 다르고 모순되며 심지어 서로를 배제하기도 하지만 서로를 보완하는 상(像)[세계상을 뜻함]"을 말하는(SW 206) 닐스 보어(Niels Bohr)와 베르너 하이젠베르크(Werner Heisenberg)의 양자 이론 해석은 이 테제를 공인해 줍니다. 벤야민은 에딩턴의 상보성 테제, 보다 정확히 말하자면 물리학과 신비주의의 양립과 통일 불가능성 테제에 관해 다음과 같이 씁니다.

> 내가 아는 문헌 중에 이 정도로 카프카적 게스투스 (Gestus)[3]를 표현하는 구절은 없다. 우리는 이 물리학적 아포리아의 거의 모든 구절을 카프카 산문 작품의 문장과 쉽게 대응시킬 수 있을 것이다. 그리고 이는 "가장 불가해한" 구절 중 다수가 그 과정에서 수용되리라는 것을 적잖이 보여 준다.(BüK 85 이하.)*

이로부터 벤야민은 카프카 작품이 한쪽에는 신비주의적 경험[전통에 관한 경험], 다른 한쪽에는 "살아 있는" 물리학

---

* Weigel, 203쪽에서 인용.

과의 동시대성[대도시(인)의 경험]이라는 두 초점을 가진 "타원"이라고 주장합니다.[4]

벤야민이 보기에 메시아적, 구원 지향적 삶의 모델에서 실패로 망가진 삶의 모델로의 패러다임 전환을 방증하는 중요한 표지는 카프카 작품에서 읽어 낼 수 있는 현대의 방향설정의 위기입니다. 곧 과학과 신비주의로 분열된 세계가 유발하는 충격 속에서 세계를 인식하는 것입니다. 이러한 충격의 형태 중 하나는 결백한, 말하자면 이유 없는 죄의 세계에서 깨어나는 일입니다. 가령 『소송』의 도입부를 떠올려 보십시오.* 두 번째 충격은 인간의 생물학적 이력에서 동물을 발견할 때 생겨납니다. 즉 다윈주의 때문에 모욕감을 경험하는 것입니다. 『학술원에 드리는 보고』의 원숭이 빨간 페터가 전형적인 예입니다. 세 번째 충격은 『황제의 메시지』에서처럼 낯설어진 제도, 관료주의와 마주칠 때 생겨납니다. 마지막 충격 체험은 유기체와 기술 코드의 비정상적 관계를 경험하는 일과 관련 있습니다. 이는 「가장의 근심(Die Sorge des Hausvaters)」의 '오드라덱(Odradek)' 캐릭터 또는 단편 「유형

---

* 이와 관련해 뒤에서 『소송』을 경력의 시작과 실패에 대한 사례 연구로 다룰 것이다.

지에서」에서 죄인 몸을 가지고 작업하는 처형 기계에서 나타납니다. 유기적인 것이 기술 코드로 돌변하고, 기술 장치가 다시금 유기체로 돌변하는 상황을 통찰할 때 충격을 경험하는 것입니다.

이제 인간의 삶을 더 이상 통합적이지 않고 분열된 것으로만 충격 속에서 경험할 수 있다면, 삶을 통합적으로 표현하는 (교양)소설 같은 전통적 형식에도 의문을 제기해야 하지 않을까요? 소설 외에 이와 같은 실패를 표현하기에 적합한 형식이 있을까요? 벤야민은 카프카가 활용하는 두 텍스트 유형, 즉 장편소설 형식과 비유담 형식이 인류학적 서사로 그러한 형식을 새로 만들어 내려는 각기 다르면서도 서로 의존하는 두 가지 시도라 여깁니다.

벤야민은 여기서도 이중의 실패를 봅니다. 카프카는 장편소설 장르뿐 아니라 비유담 장르에서도 실패합니다.

『소송』은 분명 실패한 작품이다. 신비주의적 책과 풍자적 책의 기괴한 혼합물이다.(BüK 165)

비유적 저작에 정당성을 부여하는 데 카프카가 실패한

이유를 자세히 살펴보자. 어떤 사정 때문에 그가 실패했는가?(BüK 158)

마지막에 벤야민은 카프카의 실패가 장편소설과 비유담 두 형식의 상호 관계 때문은 아닌지 숙고합니다. 이때 그는 게르숌 숄렘의 자극을 받아 랍비 문헌의 두 가지 장르 모델을 참고합니다. 하가다(Haggadah)와 할라카(Halacha)가 그것입니다. 벤야민은 「만리장성을 축조할 때(Beim Bau der chinesischen Mauer)」를 다룬 논문에서 다음과 같이 씁니다.

여기서는 하가다 형식을 떠올려야 한다. 유대인은 랍비 문헌에서 가르침(할라카)을 설명하고 확증해 주는 이야기와 일화를 하가다라 부른다.(BüK 41 이하.)

하가다는 삶의 이야기라 할 수 있으며, 할라카는 율법의 말, 즉 올바른 행동 규범을 공식화한 것이라 할 수 있습니다. 벤야민은 두 집합체의 상호 관계에 카프카의 실패에 대한 비밀이 숨었음을 깨달은 듯하지만 그것을 밝히지는 못했습니다.[5] 이 문제는 자크 데리다(Jacques Derrida)의 획기적인 논문

「법 앞에서(Devant la loi)」에서 다뤄집니다.* 데리다는 '법 앞에서(Vor dem Gesetz / Devant la loi)'라는 토포스(Topos)[6]를 아포리아적 시공간 시나리오로, 교차대구(交叉對句) 형식을 띤 사후성의 강제로 해석함으로써, 카프카가 연출하는 것이 (칸트가 이미 말한) 이야기할 수 없는 기원의 충격임을 보입니다. 데리다에 따르면 한편으로는 법이 무언가에 적용되고 사례사(Fall-Geschichte)[7]에 대한 법칙으로 입증되려면 반드시 법 앞에 이야기가 나타나야 합니다. 하지만 다른 한편으로 서사, 즉 사례사가 성립하고 그에 대해 법으로 허용과 금기를 정하는 일이 의미가 있으려면 반드시 이야기 앞에 법이 나타나야 합니다. 데리다는 '추측해 본 인류사의 기원'이자 인류학의 원(原)장면인 에덴동산의 인간 타락과 그 아포리아를 암시하는 것이 분명합니다.

* Jacques Derrida: *Préjugés*, in: *Spiegel und Gleichnis. Festschrift für Jacob Taubes*. Hg. von Norbert W. Bolz und Wolfgang Hübner. Würzburg 1983, 343–366쪽; *Devant la loi*, in: *Philosophy and Literature*. Hg. von A. Phillip. Cambridge 1984, 173–188쪽; *Before the Law*, in: Jacques Derrida: *Acts of Literature*. Hg. von Derek Attridge. New York – London 1992, 181–220쪽; *Préjugés. Vor dem Gesetz*. Hg. von Peter Engelmann, übers. von Detlef Otto und Axel Witte. Wien 1992. Rolf-Peter Janz: *Franz Kafka* »*Vor dem Gesetz*« und Jacques Derrida: »*Préjugés*«, in: Jahrbuch der deutschen Schillergesellschaft 37(1993), 328–340쪽 참조; David Roberts: *The Law of the Text of the Law. Derrida before Kafka*, in: Deutsche Vierteljahrsschrift für Literaturwissenschaft und Geistesgeschichte (DVjs) 69(1995), 344–367쪽.[한국어 번역본은 다음을 참조. 자크 데리다, 데릭 애트리지 엮음, 「법 앞에서」, 『문학의 행위』, 정승훈 · 진주영 옮김, 문학과 지성, 2013, 240–291쪽.—옮긴이]

1 34세의 나이로 요절(자살)한 하인리히 폰 클라이스트(Heinrich von Kleist; 1777~1811)는 작가로서 활동한 기간이 10여 년에 불과했지만 오늘날 독일문학사에서 가장 영향력 있는 작가로 평가받고 있다. 토마스 만(Thomas Mann)은 그를 "독일이 낳은 가장 위대하고 대담하고 야심 찬 문학가······ 둘도 없는 희곡작가였으며, 둘도 없는 산문작가이자 소설가"라 일컫기도 했다. 그가 활동한 당시 프로이센은 전쟁과 변혁, 경제적 어려움 등으로 혼란스러운 상황에 처해 있었는데, 특히 국가로서의 프로이센, 귀족의 역할, 가족 구조의 변화 등 당시의 시대상이 그의 작품들에 반영되어 있다. 카프카는 클라이스트의 작품들에 매혹되었는데, '간결하고 극적인 형식과 표면적인 객관성'이나 한 사람이 다른 사람에게 다가가면서 서술하는 부차적인 특징들이 인간 전체를 대표하는 서술 기법에서 그의 영향이 드러나기도 한다.쿠르트 투홀스키 Kurt Tucholsky는 카프카는 클라이스트의 아들이다라고 말하기도 했다.

2 아서 에딩턴(Arthur Stanley Eddington, 1882~1944)은 영국의 과학자로 20세기 천체물리학의 개척자이며, 상대성 이론과 양자역학 연구에도 크게 기여했다. 1915년 독일 과학자 아인슈타인이 '상대성 이론'을 주장했지만 아무런 주목을 받지 못하던 현실에서 그의 이론이 실험으로 증명되는 것을 도움으로써 상대성 이론을 세계의 관심사로 등장시켰다.

3 극작가 베르톨트 브레히트가 주창한 개념. 원래 '몸짓', '표현' 등을 뜻하는 단어지만 단순한 '제스처'와 달리 사회적 관계를 드러낸다. 이 책에서는 Gestus는 '게스투스'로 Geste는 '제스처'로 구분해 번역했다. 한 개인의 심리나 상황을 표현하는 '제스처'와 달리 인간 상호간의 관계와 그 관계를 둘러싼 사회적 상황까지 드러낸다.

4 에딩턴의 『물리적 세계의 본성』의 한 대목을 인용하고 있기도 한 벤야민의 카프카 글은 게르숌 숄렘에게 보내는 1938년 6월 12일자 편지에 나온

다. 이 편지는 「좌절한 자의 순수성과 아름다움—카프카에 관한 몇 가지 고찰」(『발터 벤야민의 문예이론』, 반성완 편역, 민음사, 1983)이란 이름으로 발췌 번역되어 있다.

5 벤야민은 다음과 같이 말한 바 있다. "사람들은 종종 지혜를 진리가 지니는 서사적인 측면으로 정의하려고 하였다. …… 지혜는 하가다(Hagadah) 적인 일관성을 지니는 진리일 것이다. [그런데] 진리의 이러한 일관성은 사라져버렸다. …… 그[카프카]는 진리의 전승 가능성, 즉 진리의 하가다 적인 요소를 붙들기 위해 진리 자체를 단념하였던 것이다. 카프카의 작품들은 처음부터 비유들이다. 그러나 그 작품들이 비유 이상의 것이 되지 않을 수 없었다는 점이 그의 문학의 불행이고 그의 문학의 아름다움이다. 그 비유들은 하가다가 할라카(Halacha)에 굴복하듯이 교리 앞에 단순히 무릎을 꿇지는 않는다. 그 비유들이 숨을 죽이고 순종하고 있는 듯이 보이는 때에도 그것들은 알지 못하는 사이에 이미 육중한 앞발을 그 교리 앞에 내밀고 있는 것이다."(벤야민의 같은 글, 100쪽에서 인용.)

6 본래 장소를 뜻하는 그리스어인 토포스(Topos)는 논점, 공론, 일반적 논제 등으로 옮겨지기도 한다. 여기서 거론되는 데리다의 텍스트에서도 토포스는 복수형의 형태로 '논점(들)'을 뜻하기도 하나 주요하게는 '장소'의 의미로 쓰이고 있다.

7 뒤에도 설명이 나오지만 여기서 독일어 단어 'Fall'은 '사례(事例)'를 뜻할 수도, 인간 타락(Sündenfall)을 뜻할 수도 있다.

성공으로서의 실패: 「학술원에 드리는 보고」

Scheitern als Gelingen: *Ein Bericht für eine Akademie*

성공으로서의 실패: 「학술원에 드리는 보고」

따라서 실패의 과정은 현대 세계에서 역설적이게도 인류학적 성공의 도구로 입증될 수 있습니다. 이야기된 삶에서도, 문학적 형식에서도 그렇습니다. 벤야민은 카프카에 대해 씁니다. "사람들은 말할 것이다. 그가 일단 끝없는 실패를 확신하자 꿈에서처럼 도중에 모든 일에 성공했다고."(BüK 202) 장편소설 형식과 비유담의 실패에서, 아무런 구원도 약속하지 않고 아무런 메시지도 전하지 않는, 이야기와 법의 결합체가 나타납니다. 하지만 그러한 실패에서 생겨나는 성공이란 다름 아니라 인류사와 인류 문화의 기원을 표현할 수 없다는 점을 표현하는 것입니다. 이는 인간 타락과 그로부터 생산되는 (이유 없는) 죄로 인한 방향 설정의 충격을 표현하는 것이며,

표현의 아포리아를 표현하는 것입니다. 사례사(事例史) / 타락 이야기(이 단어 'Fall-Geschichte'는 '사례' 이야기와 '타락' 이야기라는 두 의미를 지닙니다) 앞에 있어야 하는 법과 법 앞에 있어야 하는 사례사 / 타락 이야기, 즉 해명할 수 없는 신적 금지의 구조가 그 아포리아입니다.

벤야민에게 '실패하는 성공'의 한 예는 카프카의 「학술원에 드리는 보고」입니다.(BüK 119)* 원숭이 빨간 페터는 이 텍스트를 인간의 학술원에 제출함으로써 자신의 인간화의 기원을 표현합니다. 보다 정확히 말하자면, 그 기원을 재구성할 수 없다는 점을 표현합니다. 황금 해안에서 하겐베크 사의 수렵 원정대에게 총을 맞고 배로 운반된 빨간 페터는 동물원에 수용되지 않고 일종의 자유를—잃어버린 무한한 원숭이의 자유는 아니더라도—얻으려 골몰합니다. 스스로의 말마따나 빨간 페터가 "배(腹)에서 생각해 낸 것이 분명한"(KKAD 304) 구원은 인간이 되는 것입니다. 그래서 빨간 페터는 우선 배에 있는 사람들을 흉내 냅니다. 축음기 소리가 울리는 가운데 마침내 제대로 된 동작으로 코르크 마

* "학술원에 제출하는[!] 보고: 여기서 인간되기는 출구로 나타난다. 인간되기를 이보다 더 근본적으로 의문시할 수는 없을 것이다."(BüK119)

개를 따고 "전문가처럼" 브랜디 술병을 비우는 데 성공한 빨간 페터는 "여보세요[Hallo]"라고 외칩니다. 그러자 주위 사람들은 놀라서 "들어 봐. 이 녀석이 말을 해!"라고 반응합니다.(KKAD 311) 여기서 카프카는 인간 주체의 형성에 관한 물음, 즉 인간이 자연에서 어떻게 기원했는지, 인간이 문화에 숙달될 수 있는지를 실험으로 연출합니다. 카프카는 다윈의 진화 이론을 배경으로, 물론 이를 독창적으로 변형하며 실험을 수행합니다. 왜냐하면 원래 진화의 객체인 원숭이가 스스로 진화의 주체가 되기 때문입니다. 즉 빨간 페터는 진화의 본질을 사유하기 시작합니다. 원숭이에서 인간으로의 변신을 해명하려 합니다. 이것은 변신의 수수께끼이자 카프카 작품의 핵심 문제입니다. 그리하여 빨간 페터는 이 문제를 해결할 수 있는 사유 형식을 숙고합니다.

내가 그들[인간들]처럼 되면 창살을 들어올려 준다고 약속한 사람은 아무도 없었습니다. 실현 불가능해 보이는 일을 두고 그런 약속이 주어지는 법은 없습니다. 하지만 그 일을 해낸다면, 나중에 약속 또한 나타납니다. 전에 헛되이 약속을 구하던 바로 그곳에서 말입니다.(KKAD307)

그야말로 문화철학자다운 원숭이가 아닐 수 없습니다. 빨간 페터의 고찰은 서양에서 문화적 이해와 관련해 통용되는 두 가지 관념을 부정합니다. 하나는 약속과 실현의 원칙을 따르는 구원사(Heilsgeschichte)의 관념이고, 다른 하나는 시간에 기반을 둔 인과 모델, 과학적 실험에 따른 자연과학의 관념입니다. 이 두 가지 경쟁하는 질서 틀에 반대하며 빨간 페터가 제시하는 것은 수행적(performativ) 행위, 즉 인간이 되겠다는 자발적 결정입니다. 그 도구는 발화 행위입니다. '여보세요'는 에디슨(Thomas A. Edison)이 전화기를 발명할 때 의사소통을 위해 형식적으로 쓴 말로 알려져 있습니다. 이 말은 유기체와 사회적 구성물이 충돌할 때의 충격을 표현하는 상투어입니다. 인간 기원과 인간 삶의 행적을 이야기할 수 없게 하는 위기의 진단자로서 빨간 페터는 인류 문화의 민족학자가 됩니다. 빨간 페터는 자신의 기원에 관한 이야기로, 비록 겉보기에만 그렇지만, 스스로의 인간화라는 불가해하고 설명할 수 없는 사건을 정당화합니다. 수행적으로 효력을 발휘하는 이러한 사후성은 현대의 근본적인 방향 설정 위기를 표현합니다. 또한 회귀적 서사로 나타나는 특유의 아포리아적 앎의 형식을 갖춘, 가상적인 제2의 계몽의 비합리성을 표현합니다.

빨간 페터는 그러나 말을 시작하면서 인간의 자유가 아니라 출구[1]를 찾습니다. 그는 인간이 되는 데 실패하지만 덕분에 목숨을 구합니다. 인간의 가면을 쓴 원숭이로 살아남는 것입니다. 빨간 페터는 문자 그대로 "슬쩍 달아나" 버립니다. 즉 인간 존재 앞에서 옆으로 비켜납니다. 지그리트 바이겔(Sigrid Weigel)[2]은 출구의 인류학의 이러한 시나리오를 다음과 같이 설명했습니다.

이로써 출구, 즉 빠져나갈 마지막 구멍을 찾는 일은 전통이 연극이 되어 버린 세계에서 구원을 받아들인 모습으로 해석할 수 있을 것이다.(SW 307)*

이 '새로운 인류학'의 본질적 특징은 벤야민이 말하듯 "사건을 제스처적인 것으로 해체"(BüK 18)하는 것이며, 그리하여 "카프카 작품 전체는 애초에 저자에게 확실한 상징적 의미가 전혀 없는 제스처의 코덱스(Kodex)를 표현한다."(BüK

---

* 이에 관해서는 과학사학자 한스-외르크 라인베르거(Hans-Jörg Rheinberger)가 클로드 르나르(Claude Bernard)를 예로 제시한 테제를 참조. Hans-Jörg Rheinberger: *Experimentelle* Virtuosität, in: *Liechtensteiner Exkurse VI. Virtuosität.* 13–28쪽. 자세한 관련 사항은 다음을 참조. Ludwik Fleck: *Entstehung und Entwicklung einer wissenschaftlichen Tatsache. Einführung in die Lehre vom Denkstil und Denkkollektiv.* Hg. von Lothar Schäfer und Thomas Schnelle. Frankfurt am Main 1980.

18) "그리고 카프카가 이해하지 못하는 이러한 게스투스는 비유담의 흐릿한 구절을 이룬다. 게스투스로부터 카프카의 문학이 생겨난다."(BüK 27)

　게스투스의 "흐릿한 구절"을 보여 주는 예로 카프카의 텍스트 「황제의 메시지」*가 있습니다. 이 텍스트는 위계적 사회에서 나타나는 소통의 아포리아를 연출하여 보여 줍니다. 역설이 전체 텍스트의 기본 구조입니다. 한쪽에는 완벽한 소통 기구가, 다른 한쪽에는 온갖 이동력에도 목적지에 도달하지 못하는 메시지가 있습니다. 멀리 피신한 신하에게 전달해야 하는 메시지 자체는 전령의 귀에 속삭여지기만 하며 결코 확인되지 않습니다. 이 텍스트는 죽어가는 황제의 메시지를 지닌 전령이 메시지를 학수고대하는 신하에게 가는 끝없는 길

---

*　이와 유사하면서 상보적인 텍스트로 「사이렌의 침묵(Das Schweigen der Sirenen)」을 들 수 있을 것이다. 「황제의 메시지」가 주인과 노예[헤겔(Hegel)의 『정신현상학Phänomenologie des Geistes』에 나오는 용어]의 수직적 소통을 다룬다면, 「사이렌의 침묵」은 남성과 여성의 수평적 소통과, 오디세우스가 쓰는 '작은 도구'로 인한 소통의 봉쇄를 다룬다. 이 텍스트에서도 침묵과 귀먹은 상태, 소통의 부재, 그 대신 나타나는 눈먼 몸짓과 포즈가 중요하다. 오디세우스는 자신을 돛대에 단단히 묶게 하고 밀랍으로 귀까지 막는다. 하지만 역으로 사이렌들은 전혀 노래하지 않는다. 돛대에 묶인 오디세우스의 말없는 포즈에 사이렌들은 부푼 목의 소리 없는 포즈로 응답하는 것이다. 이때도 발신자에게서 수신자에게로 가는 메시지는 확인되지 않는다. 어떤 폭력이나 대항적 폭력도 행사되지 않으며, 말없는 제스처와 눈먼 포즈가 텍스트의 "흐릿한 구절"을 이룬다. 소통의 약속은 사라지고 구성은 해체된다. 남는 것은 자폐적인 몸짓, 망망대해로 실려 가는 공허한 포즈다.(KKAN Ⅱ 40-42)

을 온갖 언어적 암시로 보여 줍니다. 여기서 나타나는 것은 인식 가능한 의미나 논리적 확실성이 없는 매체입니다. '눈 먼 비유담(blinde Parabel)'의 중심에는 제스처, 즉 포즈가 있습니다.* 전령은 "서 있는 돌진(stehender Sturmlauf)"(KKAT 259 이하) 방식으로 나아가면서 제자리에 있습니다. 그는 빨리 나아가기 위해 가슴의 태양 표시를 가리킵니다. 그러면 길이 열려 지나갈 수 있습니다. 하지만 태양 표시의 의미가 무엇인지는 밝혀지지 않습니다. 다만 분명한 것은 겉보기에 무의미한 이 제스처가 위계적 규율을 만든다는 점입니다. 이 제스처는 메시지가 도착하는 데는 도움이 되지 않습니다. 전령은 결코 수신자에게 도착하지 못할 것입니다. "저녁이 올 때면" 창가에서 메시지가 오기를 꿈꾸는 먼 곳의 신하가 그 수신자입니다. 죽어가는 자와 꿈꾸는 자가 계속 배제되는 소통 사건을 지배하는 것은 말없는 몸짓입니다.

벤야민은 카프카에게서 몸짓이 아주 모호하다고 생각합니다. 몸짓이 "해방의 반사현상(Reflex)"인지, 아니면 "반대로" "복종"의 반사현상인지 확실하지 않다는 것입니다.(BüK

---

* Gerhard Neumann: »*Blinde Parabel*« oder *Bildungsroman? Zur Struktur von Franz Kafkas Proceß-Fragment*, in: Jahrbuch der deutschen Schillergesellschaft XLI (1997), 399-427쪽.

170) 이러한 아포리아는 카프카와 인류학적 실현의 도구인 언어의 관계를 특징짓습니다. 언어는 규율화의 도구인 동시에 창조적 자유의 기관(Organon)이기도 합니다. 기록을 보면 카프카는 규율과 창조적 자유, 의식적(儀式的)인 것과 연극적인 것이 충돌하다가 마지막에는 아직 실현 가능한 작가 경력에 대한 공상으로 이어지는 인생 모델의 구조를 일찍부터 예비해 두었습니다. 특히 1911년 10월 3일 일기의 한 대목은 이와 같은 딜레마를 분명하게 보여 줍니다.

사무실에서 지역 행정청에 보낼 긴 신고장의 내용을 불러 줄 때였다. 높이 도약해야 할 마지막 부분에서 나는 막혀 있었고 타이피스트 카이저 양 말고는 아무것도 볼 수 없었다. 그녀는 평소 습관대로 무척 활발해져서 의자를 움직이고 기침을 하고 책상 곳곳을 톡톡 쳤고 그 바람에 온 방이 나의 불행에 주목했다. 내가 찾는 착상은 그녀를 조용하게 만들 수 있기 때문에 이제 더욱 가치가 있다. 가치가 큰 착상일수록 떠올리기 어려운 법이다. 마침내 나는 "낙인을 찍다"라는 단어와 그에 맞는 문장을 생각해 내지만 그것을 마치 날고기인 듯, 내 몸에서 잘라 낸 살인 듯, 혐오감과 수치심을 느끼며 전부 입 안에 머금고 있다(나는 그토록 애써야 했다). 마침내 나는 말을 내뱉지만 계속해서 엄청난 경악을 느낀다. 내 안의 모든 것이 문학 작업을 할 준비가 되어 있으며 그것은 내게 기막힌 해소감과 진짜 생명감을 줄 텐데도 나는 여기 사무실에서 이토록 궁색한 서류를 위해, 그런 행복을 누릴 수 있는 몸에서 살 한 점을 강탈해야 하니 말이다.(KKAT 53 이하.)

위 구절은 카프카 문학의 핵심 물음을 표현합니다. 사회적 제도의 의식(儀式)에 의해 천편일률적으로 형성되거나 왜곡된 언어가 아닌, 스스로의 자유롭고 유희적인 힘에 의해 문학으로, 예술로 전개되는 언어를 살아 있는 몸이 어떻게 창조해 낼 수 있는가?

처음에 묘사된 언어 찾기 상황에서는 엄격한 의식화가 두드러집니다. 상급자는 사무실에서 서류의 내용을 불러 줍니다. 타이피스트에게는 타자기 앞자리가 배정됩니다. 타이피스트는 상급자가 (법적 코드에 따라) 불러 주는 내용을 타이핑합니다. 공간 내 질서는 엄격한 위계를 갖췄으며, 공문의 생산이라는 정형화된 의식을 촉진합니다. 하지만 이러한 의식에 감정이 침투하고 타이핑하는 쪽에서도, 내용을 불러 주는 쪽에서도 충동적 동요가 생겨납니다. 이때 우선은 장애가 발생합니다. 그런데 이 장애는 창조적 싹 또한 내포함이 드러납니다. 여기서 조음(調音)의 시작, 언어의 탄생에 대해 카프카가 구상하는 시나리오는 다음을 분명히 보여 줍니다. 법을 통해 언어를 규격화하는 의식의 맞은편에 자유롭고 창조적인 글쓰기에 대한 공상과 "기막힌 해소감", "도약", "진짜 생명감"이 있습니다. 따라서 언어는 동시에 두 가지 속성을 지니며, 언어의 이원성은 결코 중재할 수 없습니다. 한편으로 언어는 규율화의 도구입니다. 언어를 형성하고 조련하는 규정된 의식이 있기 때문입니다. 다른 한편으로 언어는 해방적 창조성의 기관입니다. 일상의 의식적 행위가 창조적 자율의 행복으로 이어지기 때문입니다.

의식은 말과 행동의 정형화된 틀이며, 이 틀 안에서 신앙, 이데올로기, 합법화, 권력의 윤곽이 뚜렷해집니다.* 의식은 숭배적인 것에서부터 제도적인 것을 거쳐 일상생활에까지 이르는 사회적 강제력의 형식입니다. 의식은 문화적 과정의

---

*   의식의 개념 및 '연극'과의 구분에 관해서는 Michael Ott: *Ritualität und Theatralität*, in: Gerhard Neumann, Caroline Pross und Gerald Wildgruber (Hg.): *Szenographien– Theatralität als Kategorie der Literaturwissenschaft.* Freiburg im Breisgau 2000, 300-342쪽 참조. 그 밖에 Gerhard Neumann: *Rituale der Liebe*, in: Axel Michaels (Hg.): *Die neue Kraft der Rituale.* Heidelberg 2007, 45-65쪽 참조.

역학에서 규율적 틀이며, 위기 극복 전략을 포함합니다. 스테레오 타입, 반복, 규율, 공적 강제력이 특징인 이 전략은 카프카에게서 희극적 그로테스크로 전복됩니다. 반면 연극성(Theatralität)*, 즉 연극적 연출은 의식에 대항하며 사회적 과정을 조직하는 틀입니다. 삶을 조직하는 연극성 모델의 특징은 환상, 유희, 위반(Transgression)**, 경계 넘기, 자유로운 즉흥성 그리고 무엇보다, 완벽한 기교입니다. 미적 '고양', 즉 더 높은 곳으로의 상승 또는 아우라화(Auratisierung)가 특징인 연극성은 문화를 말하고 행할 때 창조적 방향잡이로 입증됩니다. 의식적 전략과 연극적 전략은 서로를 마비시키므로 카프카의 서사는 소멸합니다. 삶의 행로와 삶의 희생에서 나타나는 숭고함은 희극적이고 그로테스크한 요소에 끊임없이 침해를 받으며 그 역도 마찬가지입니다. 무엇보다 이러한 전복 관계에는 삶을 연명하는 힘으로서 숱하게 소환된 카프카식 유머의 비밀이 있습니다.

20세기에는 의식적 틀이 실제로 해체되기 시작합니다. 경

---

* 영어 단어 'theatricality'는 보다 좁은 개념이며, 특히 그러한 연출의 허구성, 즉 거짓을 가리킨다.

** Gerhard Neumann und Rainer Warning (Hg.): *Transgressionen. Literatur als Ethnographie.* Freiburg im Breisgau 2003.

력의 상승선을 타며 교양을 통해 시민으로 자리 잡는 주인공의 성공에 비참한 일상, '산문적 현실(Prosa der Verhältnisse)'의 사소함과 비루함이 대비됩니다. 추구의 대상인 성공은 인생 경력의 묘사에서 개인적, 사회적 소멸(Auslöschung)*에 점점 자리를 내줍니다. 교양소설은 숭고함과 희극성의 마찰에서 자라나는 문화적 갈등 모델의 매체가 됩니다.** 그렇게 본다면 카프카가 성공적 이력이라는 숭고한 (그리고 고양적인) 이념을 일상적 의식의 때로는 비극적이고 때로는 희극적인 실패와 강하게 대비했다고, 그리고 양쪽 사이의 갈등으로부터 자신의 소설을 발전시키려 했다고 주장할 수 있을 것입니다.

* 이 개념은 토마스 베른하르트(Thomas Bernhard)에게서 가져온 것이다. 베른하르트는 반(反)교양소설 『소멸(Auslöschung)』의 첫머리에서 그러한 해체, 주인공과 경력의 그러한 몰락이 일정 역할을 하는 일련의 선행 텍스트를 나열한다[*장 파울(Jean Paul)의 『지벤케스(Siebenkäs)』, 프란츠 카프카의 『소송』, 토마스 베른하르트의 『암라스(Amras)』, 괴테의 『친화력(Wahlverwandtschaften)』*]. Thomas Bernhard: *Auslöschung. Ein Zerfall.* Frankfurt am Main 1988, 7쪽 이하.[한국어 번역본은 토마스 베른하르트, 『소멸』(류은희 옮김, 현암사, 2008년) 11쪽 참조.—옮긴이]

** Gerhard Neumann: *Ritual und Theater: Franz Kafkas Bildungsroman »Der Verschollene«*, in: Philippe Wellnitz (Hg): *Franz Kafka. Der Verschollene. Le Disparu/L'Amérique – Écritures d'un nouveau monde?* Strasbourg 1997, 51-78쪽 참조.

1 구원의 약속 같은 것은 사라진 것이다. 벤야민은 말한다. "구원이란 것은 현존재에 덧붙여지는 프리미엄이 아니라 오히려 카프카가 말하고 있듯이 '그 자신의 앞이마의 뼈에 의해 길이 차단되고 있는 어떤 한 인간의 마지막 출구'인 것이다." 그래서 원숭이 빨간 페터 역시 이렇게 말하는 것이다. "인간들을 모방하고 싶다는 유혹은 없었습니다. 저는 출구를 찾으려고 했기 때문에 모방했을 뿐입니다."

2 지그리트 바이겔(Sigrid Weigel; 1950~)은 독문학자이자, 페미니스트 문화연구자로 베를린 문학 연구센터 소장이다.

서술 전략으로서의 메타 서사:
단편산문과 소설 도입부의 경계에 있는 『실종자』의 화부 챕터

Metanarration als Erzählstrategie:
Das Heizer-Kapitel aus dem Verschollenen auf der Grenze zwischen
Kurzprosa und Romananfang

서술 전략으로서의 메타 서사:
단편산문과 소설 도입부의 경계에 있는『실종자』의 화부 챕터

카프카의 장편소설『실종자』의 시작 부분은 처음에는 고전적 교양소설의 시작 부분을 연상시킵니다. 고전적 교양소설은 에로틱한 원(原)시나리오로부터 개시되는 두 가지 경력에 초점을 맞춥니다. 하나는 성적 경력이고, 다른 하나는 직업적 경력입니다.*

열일곱 살 카를 로스만은 가정부에게 유혹당해 그녀가

---

* 『빌헬름 마이스터』는 이 시나리오를 모범적으로 제시한다. 애정 관계를 정체성 모델로서 철저히 분석한 연구로는 Niklas Luhmann: *Liebe als Passion. Zur Codierung von Identität*, Frankfurt am Main 1982 참조. 개인성의 구성에 관해서는 Luhmann: *Copierte Existenz*, 191–200쪽 참조.

그의 아이를 낳았다는 이유로 가난한 부모에 의해 미국으로 보내졌다. 벌써 속도가 느려진 배를 타고 뉴욕항으로 들어갈 때, 그는 이미 오래전부터 지켜보던 자유의 여신상이 갑자기 강렬해진 햇빛을 받는 듯한 모습을 바라보았다. 검을 든 팔은 마치 방금 들어 올린 듯 우뚝 솟아 있었고 여신상 주위로는 자유의 바람이 불고 있었다.(KKAV 7)

위 도입부는 한 인생의 스케치와 경력 장치(Karrieredispositiv)를 교과서적으로 보여 줍니다. 우리는 인간 타락의 원(原)장면에 관해, 부모의 법에 따라 가정이라는 에덴동산에서 추방당하는 일에 관해, 주인공을 동반하는 (그리고 배의 3등 선실에서 새로운 세계로 옮겨가는) 통과의례 이야기에 관해, 한 운명틀의 아우라로부터 죄와 벌, 규율과 정의의 시각에서 거의 알레고리적으로 조명되는 장면에 관해 거침없이 신나게 말할 수 있을 것입니다. 하지만 이어지는 이야기는 예상과 다르게 전개됩니다. 왜냐하면 카를이 배를 떠나려 할 때 두 가지 실수, 즉 우산을 깜박한 일과 아버지가 맡긴 트렁크*를 두고 온 일이 드러나기 때문입니다. 그리하여 카를은 똑바른

---

* "아버지는 그에게 트렁크를 영원히 넘겨주며 농담으로 물었다. 네가 이 트렁크를 얼마나 오래 가지고 있을까?"(KKAV 14)

길에서 벗어나 미로 같은 배 속으로 되돌아갑니다. 그는 통로를 헤매고 "덩그러니 남겨진 책상"이 있는 빈 방을 서둘러 가로지른 끝에 "임의의 작은 문"(KKAV 8)을 두드립니다. 그리고 문 뒤에서 화부(火夫)와 맞닥뜨립니다.

카를은 미국으로 떠나도록 강요를 받았고, 화부는 자신이 해고된 데 대해 선장에게 불만을 호소하려 합니다. 두 사람은 나름대로 추방자입니다. 그런데 화부가 "대체 왜 [미국으로] 떠나야 했던 건가요?"라고 묻자 카를은 사연을 이야기하기를 거부합니다. 보다 정확히는 이렇습니다. "'무슨 그런 얘기를!' 카를이 말하고는 이야기 전체를 손으로 내던져 버렸다."(KKAV 12) 그러자 화부는 대답합니다. "뭔가 분명 이유가 있었겠지요." 이어서 서술자가 덧붙입니다. "그럼으로써 그가 이유를 이야기해 달라는 것인지 아니면 이야기하지 말라는 것인지는 확실히 알 수 없었다."(KKAV 12) 서술자는 이야기에 대한 요구와 거부가 계속 번갈아 나타나는 데 주의를 환기합니다.

마침내 두 사람이 선장실에 도착했을 때 카를은 자신의 —그가 이제는 확실하게 '내던져졌다'고 생각하는— 이야기를 하지 않으려고 두 가지 방법을 시도합니다. 우선 그는 정체성을 증명하고 요약해 주는 여권을 제시하지만 경리 주임은 두 손가락으로 여권을 말 그대로 "옆으로 튀겨"버립니다.(KKAV 22) 카를이 자기 이야기를 옆으로 튀겨버린 것처럼 말입니다. 유혹당한 이야기를 하지 않으려고 카를이 쓰는 두 번째 전략은 화부 편을 드는 것입니다. 카를은 화부의 인생담을 가로채 참을성 없는 선실의 신사들 앞에 내놓습니다. "그[카를]가 낯선 땅에서 명망 있는 신사들을 앞에 두고 선을 위해 투쟁하는 모습을 부모가 볼 수 있다면"(KKAV 33).

그 순간, 지금까지 선실에 서서 상황을 지켜보던 대지팡이 든 신사가 앞으로 나섭니다. 신사는 카를에게 다가와―진실된 인생담을 이야기하기를 재차 요구하는―질문을 두 번 잇달아 던집니다. "그런데 대체 이름이 뭐죠?"(KKAV 31; 35) 낯선 신사는 곧 카를의 부유한 미국 삼촌으로 밝혀집니다. 카를을 유혹한 가정부는 배를 추월한 것이 분명한 편지로 삼촌에게 두 사람의 '연애담'을 알렸습니다. 삼촌은 가정부의 이야기에서 카를의 중요한 특징을 추려 수첩에 적어 두었고 이제 실물과 메모를 눈으로 비교하며 카를을 다시 알아봅니다.

이러한 재인식 장면 때문에 카를은 다시 한 번 자신의 사연을 이야기하기를 거부할 수밖에 없는 상황에 처합니다. 삼촌이 카를의 유혹 이야기를 시작하려 할 때 카를은 속으로 생각합니다. "…… 삼촌이 모두에게 그 이야기를 하는 것은 싫은데."(KKAV 39) 하지만 삼촌은 모두에게 그 이야기를 합니다. 삼촌은 카를의 이야기를 늘어놓을 뿐 아니라, "교훈 삼아 읽을" 수 있게(KKAV 41) 나중에 카를에게 편지를 줄 것이라 밝힙니다. 가정부가 '서술한' 카를의 이야기를 이렇게 '서술하는' 순간, 선장실의 대화 장면은 일종의 체험화법(erlebte Rede)[1]으로 급변합니다.

카를은 그 여자에게 아무런 감정도 없었다. 밀쳐내고 또 밀쳐낸 혼잡한 과거 속에서 그녀는 부엌 찬장 옆에 앉아 그 위에 팔꿈치를 대고 있었다.(KKAV 41)

이미 1914년에 로베르트 무질(Robert Musil)은 카프카의 노벨레(Novelle)에 관한 서평[2]에서 이 체험화법 시퀀스에 매료된 모습을 보입니다.* 그것은 거의 서술이라 할 수는 없지

* *Literarische Chronik*, in: Die neue Rundschau, XXVter Jahrgang der freien Bühne 1914, Band 2 [recte 3], 1169-1170쪽. 무질은 카프카가 "완전히 해체적이고 완전히 신중

만, 명한 체험의 순간에 대한, 목소리가 되는 웅얼거림이며, 반(半)의식의 영사막에서 상영되는 영화처럼 흘러갑니다. 카를의 체험화법 시퀀스는 다음처럼 끝납니다.

그녀로부터 다시 봤으면 좋겠다는 말을 숱하게 들은 후 마침내 그는 울면서 침대로 왔다. 그것이 전부였다. 하지만 삼촌은 그것을 가지고 거창한 이야기(eine große Geschichte)를 만들어 낼 줄 알았다.(KKAV 43)

삼촌이 서술하는 "거창한 이야기"는 카를 자신도 모르게 체험화법으로 형성된 '작은 이야기(petit récit)'를 덮습니다. 삶의 서술과 관련해 장편소설과 단문 형태의 표현 양식을 두고 협상이 벌어집니다. 흐릿하고 반의식에서 사라져 가는—조르조 아감벤(Giorgio Agamben)의 표현을 빌리자면—'벌거 벗은 생명'의 소리에 맞서 거대한 문학적 서술 도식이 제시

한"(1169) 서술을 하는 "대단히 의식 있는 예술가"(1170)임이 입증된다고 이야기한다. 또한 이야기의 주인공이 "세상에서 볼 때 뜯긴 전선처럼 매달린, 순전히 완성할 수 없는 일들"을 행하며 "그 스스로가 완성하지 않는 순전한 생각들을 한다."(1170) "이는 의도적 순진함 …… 뭔가 간접적이고, 복잡하고, 획득된 것 …… 도덕적 부드러움 …… 섬세하고 집요한 민감성이며" "기묘한 주름을 볼 수 있게 해준다."(1170)

됩니다.*

카를의 염려와 달리 삼촌의 "거창한 이야기"에—아마 삼촌의 권위 때문인지—청중이 웃음으로 반응하지 않을 때, 하필 카를은 화부에게 올바르고 참된 이야기 기술을 강의합니다. 카를은 이미 선실 장면 초반부에 "더 간단하게 이야기해야 해요. 더 분명하게. 그런 식으로 이야기하면 선장님이 알아주지 못해요"(KKAV 28)라고 요구한 바 있습니다. "불만사항을 정리하고, 가장 중요한 것을 맨 처음 말한 후에 다음으로 중요한 내용을 차례차례 말하세요. …… 저한테는 내내 아주 분명하게 이야기했잖아요."(KKAV 28) 화부와 헤어질 때 카를은 주의를 줍니다. "스스로를 방어해야 해요. 예 아니면 아니요 라고 확실히 말하고요. 그렇지 않으면 사람들은 진실이 무엇인지 전혀 모를 거예요."(KKAV 49) 카를은 삼촌에게도 수사학 강사인 양 굽니다. "…… 삼촌이 하신 말씀에는 몇 가지 오류가 있었어요. 그러니까 제 말은, 실제로는 모든 일이 그렇지는 않았다는 거예요."(KKAV 43)

장편소설의 첫 챕터이기도 한 이 노벨레[3]에서 카프카는

* Giorgio Agamben: *Homo Sacer. Die souveräne Macht und das nackte Leben*. Frankfurt am Main 2002.

발전해 가는 인생담의 최초 장면을 서술할 수 없다는 점에 집중하는 듯합니다. 그래서 그는 서술에 관한 이야기들을 엮고, 끊임없이 새로 나타나는 여러 서술 심급의 게임에서 끊임없이 새로 확인되는 서술의 실패를 보여 줍니다. 카를은 추방의 시초가 된 이야기를 억압하고 '내던져 버립니다.' 그러나 억압된 이야기는 카를이 대양을 횡단하는 동안, 유혹자가 쓴 편지의 형상으로 그를 추월하며 삼촌은 그 이야기를 이를테면 인식의 텍스트이자 정체성의 텍스트로서, "거창한 이야기"로 다시 서술합니다. 그러자 카를의 멍한 의식은 이 모든 것을 '작은 이야기'로, 거의 말없는 체험의 웅얼거림으로 스스로에게 서술합니다. 마지막에 카를은 알리바이 이야기, 즉 화부의 이야기를 제 것으로 삼으며, 이제 자신의 이야기 대신 이 이야기를 '이성적' 서술의 규칙에 따라 설득력 있게 만들고, 서술할 수 없는 자기 이야기의 대역으로 제시하려 합니다. 이때 서사 면에서 카를의 성적 불행 위에 화부의 직업적 불행이 겹칩니다. '체험된' 이야기는 '억압되고', '거부되고', '적히고', '다시 서술된' 이야기이자 '숨겨지고' '번역된' 이야기로서 텍스트의 한 서술 목소리(Erzählstimme)에서 다른 서술 목소리로 이동합니다. '추월'과 '중첩'은 동시에 번역하고, 정정하고, 날조하고, 자리를 바꾸고, 확대하고,

축소하지만, 모든 것의 원인인 '체험된' 원장면의 핵심에 닿지 못하고 그 실존을 수수께끼로 남겨 둘 수밖에 없습니다.

누가 이 서술 게임을 조종하는지는 불분명합니다. 이따금 이야기 속을 유령처럼 떠도는 '전지(全知)적' 서술자는 힘이 극히 약합니다. 그는 서술자이자 재서술자인 등장인물들에게 자신의 권위를 거의 완전히 넘겨주었습니다. 즉 자신이 착수한 이야기를 어떻게 서술하여 표현할지 심사숙고하는 서술 심급의 성찰은 더 이상 없습니다. 오히려 서술 과정을 가로지르는 목소리가 여러 등장인물의 입으로부터, 서술의 오버톤을 매개하는 여러 서사 수준에서 교대로 울립니다. 전지적 서술자, 인물 발화, 체험화법의 서술 영역은 카프카에게서 한데 얽힙니다. 저는 이렇듯 여러 서술 권위 영역을 복잡하게 엮는 것을 메타 서사 전략의 게임이라 부르자고 제안합니다.* 메타 언어가 1차 언어에 대해 말하는 2차 언어라면**, 메타 서사란 1차 서술 위에 오는 2차 서술이라 할 수 있

---

* 여기서는 무엇보다도 제라르 주네트Gérard Genette의 근본적 연구를 참조: 'Figures(형상, 문제)' 시리즈 중 특히 Gérard Genette: *Figures* Ⅱ. Paris 1969. Ders.: *Palimpsestes. La littérature un second degré.* Paris 1982. Ders.: *Die Erzählung.* München 1994.

** 롤랑바르트(Roland Barthes)는 이 전략을 "메타 언어"라 부른다. "metalanguage, because it is a second language, in which one speaks about the first." Roland Barthes: Mythologies.

을 것입니다. 이로써 메타 서사는 특정한 역사적, 문화적 상황에서 의사소통과 '상호 교제(Menschenverkehr)'로 '삶의 서술'을 실현할 수 있는 가능성의 조건을 제시합니다.

카프카 자신은 이 구조를 알았습니다. 그는 서술 과정 중의 한 대목에서 이러한 메타 서사 행위와 그 전복적 전략의 시나리오를 구상합니다. 방향을 잃은 카를은 배 안 미로를 헤매다가 어느 빈 방에서 하필이면 "덩그러니 남겨진 책상"을 지나갑니다.(KKAV 8) 이와 같은 상황은 책상 앞자리를 포기하고 개별 등장인물을 각자의 서술 운명에 내맡기는 전지적 서술자를 암시합니다.* 저자는 침몰하는 서술의 배를 버리고 떠난 것입니다.

카프카는 여러 자발적인 목소리로 스스로를 서술하는 이야기에게 기회를 주려 한 것 같습니다. 그 이야기는 말없는

Englische Übersetzung von Annette Lavers. New York 1998, 115쪽.[한국어 번역본은 다음을 참조. 롤랑 바르트,『신화론』,정현 옮김 현대미학사, 1995, 26쪽 – 옮긴이]

* 저자 심급이 부재하는 문제에 관해서는 Gerhard Neumann: *Der >ausgelassene< Autor. Zur Konstruktion des deutschen Realismus in Malerei und Literatur*, in: *[Auslassungen]. Leerstellen als Movens der Kulturwissenschafts*. Hg. von Natascha Adamowsky und Peter Matussek. Würzburg 2004, 147-165쪽 참조.

삶과 담론적 규범 사이, '벌거벗은·생명'과 '주권적 법' 사이의 심연을 보여 줍니다. 이런 복잡한 서술 구조는 (1900년경) '현대' 주체의 이야기를 과연 아직도 서술할 수 있는가라는 물음, 그것을 어떻게 서술할 수 있는가라는 물음과 분명 관련이 있습니다. 현대 주체는 (일치시킬 수 없는) 다음 세 가지 발화 질서 사이에서 자신의 자리를 찾고 있습니다. 정치, 법, 제도에 따라 규정되는 공적 언어 코드, 가부장적으로 조직되는 사적 또는 친교적 언어 코드, 개인과 개인 사이 감정 소통의 가능성이 원칙상 희박하다는 점을 감안하며* 각자의 고유성을 양도할 수 없다고 전제하는** 내밀성(Intimität)의 코드가 그것입니다. 이 복잡한 텍스트는 세 가지 발화 질서가 상호 작용하는 영역에서 전지적으로 서술 행위를 실현하는 것이 여전히 가능한지 물음을 제기합니다. 인간의 삶에 내재한 친밀성의 핵심을 과연 어떻게 계속 서술 행위로 매개할 수

---

*   Luhmann: *Liebe als Passion*, 9-12쪽.

**   카프카의 짧은 자전적 텍스트 「모든 사람은 고유하다……(Jeder Mensch is tei-gentümlich……)」는 이와 관련해 중요하다.(KKAN Ⅱ 7)[1916-1918년 사이에 쓴 미공개 작품이다 거기에는 이런 구절이 있다. "내가 느꼈던 것은 오직 나에게 가해지는 부당함뿐이었다. …… 사람들은 나의 특성[고유함]을 인정하지 않았던 것이다. …… 확실한 것은, 고유한 특성에서 얻어지는 진정한 이득은 결국 지속적인 자기신뢰 가운데서 나타나게 되는데, 나는 내가 가진 특성으로부터 결코 진정한 이득을 얻지 못했다는 사실이다."—옮긴이]

있는지 물음을 제기합니다.

카프카가 「화부」에서 시도하는 서술은 해결할 수 없는 과제를 보여 줍니다. 이야기가 숨겨지고 강요되는 팽팽한 긴장 상황에서 내밀한 사건을 서술하는 일이 그것입니다. 카프카에게는 '판결 아래의 서술(Erzählen unter dem Verdikt)'만 있을 뿐입니다.*

여기서 우리는 카프카 문학의 핵심 전략을 볼 수 있습니다. 「화부」를 단편산문으로 읽어야 할까요, 아니면 장편소설의 첫 챕터로 읽어야 할까요? 배에서 출발해 광활한 미국으로 똑바로 나아가야 할 카를의 길은 시작부터 이미 엉켜서 배의 미로로 되돌아갑니다. 마치 대문이 우연의 작은 문이 되어 똑똑 두드려지는 것처럼**, 마치 디레티시마(Direttissima)⁴가 결국 리좀(Rhizom)⁵으로 갈라지는 것처럼, 통합체적 서술 역시 계열체적 서술로 변화합니다.*** 이러한

---

* 이에 관해서는 Jacques Derrida: *Préjugés*, 352쪽 이하 참조.

** 「화부」에는 문이 세 개 나온다. 화부 방으로 통하는 "임의의 작은" 문(KKAV 8), 카를과 화부가 "아무 준비도 없이 막무가내로"(KKAV 33) 여는 선장실 문, 카를과 삼촌이 옆으로 배를 떠날 때 통과하는 "작은 문"(KKAV 51)이 그것이다.

*** 통합체적 서술과 계열체적 서술은 라이너 바르닝(Rainer Warning)이 도입한 개념쌍이다. Rainer Warning: *Proust-Studien*. München 2000.

메타 서사 게임은 카프카가 장편소설을 쓰기 시작하면서 나타나며 그의 장편소설에서 아주 능수능란하게 이어집니다. 비록 카프카 자신은 「판결(Das Urteil)」을—성공적으로—집필한 이후로 장편소설을 쓰며 처한 "비루한 상황"을 불평했지만 말입니다. 『소송』은 『실종자』와 비슷한 게임, 즉 혼란스럽고 미로 같은 메타 서사와 그 아포리아적 연결을 보여 줍니다.

1 '자유간접화법(freie indirekte Rede)'이라고도 부른다. 특정 인물의 심리나 의식을 삼인칭 시점에서 나타내는 기법이다.

2 일찍이 카프카의 작가적 역량을 알아본 오스트리아 작가 로베르트 무질 (Robert Musil; 1880-1942)은 자신이 관여하는 매체『디 노이에 룬트샤우 (Die neue Rundschau)』에 카프카의 단편소설「화부」와「관찰」에 대한 서평을 썼다.

3 (미완의) 장편소설『실종자』의 첫 장에 해당하는「화부」는 1913년 5월 쿠르트 볼프 출판사에서 별도로 출간되기도 했다.

4 '디레티시마'는 직등주의(直登主義; 우회하지 않고 정상을 향해 직진하는 등반 방식)를 뜻하며, 이탈리아의 고속철도선, 직선노선을 가리키기도 한다.

5 '리좀'은 원래 '뿌리줄기'라는 뜻으로 질 들뢰즈(Gilles Deleuze)와 펠릭스 가타리(Félix Guattari)는 이 개념을 이용해 중심과 위계가 없는 포스트모던 철학의 가능성을 제시했다. 본문에서는 디레티시마의 통일적, 수직적 이미지를 리좀의 분산적, 수평적 이미지와 대비한다

의식성과 연극성—장편소설『소송』의 도입부

Ritualität und Theatralität —der Anfang des *Proceß*-Romans

의식성과 연극성―장편소설『소송』의 도입부

『소송』의 첫 챕터에서 카프카는 일상적 의식, 즉 아침식사
로부터 개인의 파멸을 전개합니다. 요제프 K가 체포될 때 그
에게는 아침식사가 허락되지 않습니다. 이 사건은 요제프 K
를 정체성의 위기로 몰아가며 그의 자아감은 더 이상 회복
되지 못합니다. 실패의 싹은 처음부터 내재하며, 아침식사
를 허락받지 못하는 일부터 의식적인 사형집행에 이르기까
지 상황이 전개될수록 점점 더 자라납니다. 요제프 K는 소설
마지막 부분에서 마치 제단에 올려진 듯 처형됩니다. 하지만
처형은 이미 시작 부분에서 그랬듯 다시금 일말의 연극적 분
위기에서 집행됩니다. 제물 바칠 무대를 한참 동안 찾는 두
사형집행인은 오페라 테너처럼 보입니다. 여기, 소설 도입부

의 시퀀스에서는 삶의 희생과 결부된 '숭고한' 인생행로가
일상적 의식의 그로테스크한 희극성에 의해 마비됩니다. 또
는 그 반대입니다. 일상적 의식이 '숭고한' 시나리오로, 삶의
위기라는 망가진 시나리오로 예기치 못하게 전복됩니다.

주인공은 서른 살 생일날 아침에 잠에서 깨어납니다.(KKAP
11) 생일이란 자아를 발견하고 확인하는 훌륭한 의식(儀式)
입니다. 하지만 자아를 의심하는 의식이자 자아를 붕괴시킬
위험이 있는 의식이기도 합니다. "오늘은 내 생일이네"라는
말로 시작하는 베르터의 8월 28일 편지를 떠올려 보십시오.*
이 편지는 생일이라는 의식적 상황과 그 양가성(Ambivalenz)
에 관한 문학적 패러다임을 제시했다고 할 수 있습니다.** 생
일을 맞은 아이는 말합니다. 나는 변하는 거야—나이를 먹
는 거지—하지만 나는 여전히 예전의 나와 똑같아—앞으로

*   Johann Wolfgang Goethe: *Sämtliche Werke, Briefe, Tagebücher und Gespräche*. Vierzig Bän-
de. Hg. von Friedmar Apel u. a. *Die Leiden des jungen Werthers. Die Wahlverwandtschaften. Kleine
Prosa. Epen*. In Zusammenarbeit mit Christoph Brecht hg. von Waltraud Wiethölter, Band 8.
Frankfurt am Main 1994, 110쪽. 베르터의 생일은 괴테의 생일이기도 하다.[요한 볼
프강 폰 괴테, 『젊은 베르터의 고뇌』(임홍배 옮김, 창비, 2012) 89-90쪽 참조.—옮
긴이]

**   Gerhard Neumann: *»Heut ist mein Geburtstag«. Liebe und Identität in Goethes »Werther«*, in:
Waltraud Wiethölter (Hg.): *Der junge Goethe. Genese und Kostruktion einer Autorschaft*. Tübin-
gen – Basel 2001, 117-143쪽

도 그럴 거고!* 카프카는 인생 경력의 매 단계에서 반복되는, 자아와 자아 모델 만들기에 대한 물음, 그리고 실패가 한 걸음 한 걸음 잠입하는 상황을 틀로 삼아 자아 구성(Ich-Konstitution)에 역행하는 과정(Prozeß)¹으로서 소설 전체를 집필합니다. 마지막 부분에서 요제프 K가 서른한 살 생일에 통속적 의식에 따라 '개같이' 참살당하는 시점까지 말입니다.**

요제프 K는 창밖을 바라보며 생일을 맞이합니다. 맞은편에는 늙은 여자가 보이고 여자 쪽에서도 창을 통해 그를 관찰하고 있습니다. 시선을 보내는 일과 시선을 받는 일은 말하자면 정체성을 확인하는 의식으로 연출됩니다. 카프카에게 창문 장면은 그러한 의식의 출발점입니다. 세상에서 방향을 잡는 동시에 자신에 대한 설명을 얻기 위해 내부 공간에서 외부 공간으로 세상을 향해 시선을 보내는 것입니다.***

---

* 이는 에릭 H. 에릭슨(Erik H. Erikson)이 (첨언하자면 괴테식 모범에 따라) 펼친 정체성 모델이다. Erik H. Erikson: *Identität und Lebenszyklus. Drei Aufsätze*. Frankfurt am Main 1973.

** "그러나 한 남자의 양손이 K의 목에 놓였고 그 동안 다른 남자는 칼을 K의 심장에 찔러 두 번 돌렸다. K는 두 남자가 그의 얼굴 바로 앞에서 뺨을 맞대고 최후의 결정을 지켜보는 모습을 흐려지는 눈으로 보았다. '개 같군!' 그가 말했다. 마치 그가 죽어도 수치는 계속 남을 것처럼." (KKAP 312)

*** 신과 세상을 향한 시선(그리고 이 시선에서 창조되는 주체)이 말하자면 끝임없이 새로 발명되는 유명한 창문 장면은 아우구스티누스(Augustinus)의 『고백록

다른 카프카 작품과 관련해서는『판결(Das Urteil)』첫 부분의 게오르크 벤데만을 떠올려 보십시오. 아버지와 대화를 나누다 익사형을 선고받는 것으로 귀결되는 전체적인 자기 탐색 과정은 마찬가지로 창밖을 바라보며 시작됩니다.

쾌청하기 그지없는 어느 봄날 일요일 오전이었다. 젊은 상인 게오르크 벤데만은 높이와 색깔을 제외하면 다른 점이 거의 없이 강을 따라 길게 늘어섰으며 가벼운 재료로 만들어진 나지막한 건물 중 한 곳에서 2층 자기 방에 앉아 있었다. 그는 외국에 있는 어린 시절 친구에게 보낼 편지를 막 마무리한 후 즐기듯 천천히 편지를 봉하고는 책상에 팔꿈치를 기댄 채 창밖으로 강과 다리와 맞은편 강가의 연녹색 언덕을 바라보았다.(KKAD 43)

(Confessiones)』(토포스가 되고 있는 이러한 상황의 원장면일 것이다), 괴테의『젊은 베르터의 고뇌(Die Leiden des jungen Werthers)』("클롭슈토크!"), 톨스토이(Tostoi)의『전쟁과 평화(Война и мир)』, 로베르트 무질의『사랑의 완성(Die Vollendung der Liebe)』과『특성 없는 남자(Mann ohne Eigenschaften)』("네 가슴의 끝은 양귀비일 같다" 챕터)에서 찾아볼 수 있다. 또한 스탕달(Stendhal)의『파르마의 수도원(La Chartreuse de Parme)』에서도 이미 창문 장면이 아주 섬세하게 묘사된다. Gerhard Neumann: *Landschaft im Fenster. Liebeskonzept und Identität in Robert Musils Novelle »Die Vollendung der Liebe«*, in: Neue Beiträge zur Germanistik Band 3, Heft 1 (2004), 15-31쪽. 다음 후속 논문도 참조. Gerhard Neumann: *Die Welt im Fenster. Erkennungsszenen in der Literatur*, in: Hofmannsthal Jahrbuch. Zur europäischen Moderne 18, 2010, 215-257쪽. 참조.

아침 기상이 자기에게로 깨어나기라는 문제적 의미를 지니는 요제프 K의 경우도 이와 비슷합니다. 스스로 지운 텍스트 버전에서 카프카는 그에 관해 해명합니다.[*] 삭제된 부분은 뷔르스트너 양 방에서의 첫 번째 심문 장면입니다. 감독관이 아침의 일과 체포 의식 때문에 놀라지 않았느냐고 묻자 요제프 K는 그렇다고 대답하며 다음과 같이 근거를 댑니다.

누구였는지는 이제 기억이 나지 않지만, 어떤 사람이 제게 말했지요. 아침에 깨어날 때면 적어도 대체로는 모든 것이 움직이지 않고 저녁때와 똑같은 자리에 있는 모습을 발견하는 일이 이상하지 않느냐고요. 잠을 자고 꿈을 꾸는 동안에는 깨어 있을 때와 비교해 적어도 겉보기에는 본질적으로 다른 상태였는데 말이죠. 그리고 눈을 뜰 때 주위 모든 것이 저녁때 놓아 둔 곳과 거의 똑같은 자리에 있음을 파악하려면 한없이 침착해야, 아니 오히려 두뇌 회전이 빨라야 하죠. 따라서 잠에서 깨어나는 순간은 하루 중 가장 위험한 순간이라고요. 자기 자리에서 다른 어딘가로 끌려가지 않고 그 순

---

[*]   그렇지 않아도 카프카 작품에서 찾아보기 힘든 메타 성찰적 구절들은 카프카 스스로가 텍스트에서 거의 다 삭제했다. 이러한 경향은 「굴(Bau)」 같은 후기 작품까지도 일관되게 유지된다.

간을 일단 넘겼다면 온종일 안심할 수 있다고요.(KKAP App 168)

요제프 K가 아침에 깨어나는 찰나에 마주해야 하는 것은 이런 고도로 위태로운 순간입니다.[2] 그는 이 순간을 피할 수 없습니다.[*]

누군가가 요제프 K를 중상모략한 것이 틀림없었다. 그는 무슨 나쁜 짓을 하지도 않았는데 어느 날 아침 체포되었기 때문이다. 하숙집 주인 그루바흐 부인네 가정부는 매일 아침 8시쯤이면 아침식사를 가져다주곤 했는데 이날은 오지 않았다.(KKAP 7)

요제프 K는 "가장 위험한" 순간을 체포 형태의 폭력적 의식으로 체험합니다. 평소에 일어나 눈을 뜰 때면 안정감을 주던 것이 이제 느닷없이 전복됩니다. 잠에서 깨어나는 순간을 8시 아침식사라는 우호적 의식으로 안정시키는 것이 그의 습관입니다. 그런데 이런 사적 의식을 공적 법질서의 위

---

[*] Derrida: *Préjugés. VordemGesetz.* 주 32 참조.

협적 의식이 대신합니다. 당황한 요제프 K는 "지금껏 이런 적은 단 한 번도 없었다."(KKAP 7)라며 낯선 예외상황을 바로잡으려 합니다. 즉 아침식사를 가져오게 하려 합니다. 그는 자신을 체포한 두 남자에게 "안나가 아침식사를 가져와야 해요"라고 요구합니다. 그러자 "옆방에서 작은 웃음소리"가 들리고 통보가 옵니다. "그건 안 됩니다."(KKAP 7 이하) 이처럼 한 번 더 실패를 맛본 요제프 K는 체포라는 법적 의식에 신분증 제시라는 법적 의식으로 응수하려 합니다. 요제프 K의 정체성과 그 적법성은 위기에 처합니다. 그런데 상황은 얄궂게 흘러갑니다. 처음에 요제프 K는 신분증을 찾지 못합니다. 우선 자전거 면허증만 손에 잡히고(KKAP 12) 이어서 출생증명서가 눈에 들어옵니다. 어쨌든 문서로 증명해야 하는 것은 그의 서른 번째 생일입니다. 그러나 증명서는 전부 퇴짜를 맞습니다. 감시인은 "이게 대체 우리한테 무슨 상관입니까?"라고 묻습니다.(KKAP 14) 오히려 K는 두 감시인이 자기를 위해 준비된 아침식사를 먹어 치우기 시작하는 것을 봅니다. 즉 그들은 K에게 아침의 정체성 의식을 제공했을 '음식(Gericht)'[3]을 불법적으로 먹어 치움으로써, 난국을 타개할 수 있을 논거를 없애 버립니다. 분명 그들의 행동은 실제로 불법입니다. 왜냐하면 K가 불만을 표하자 두 사람은 주의를 돌리듯 즉시 화제를 바꿔 경제적 영역의 논리를 펼치기 때문입니다. 그들은 옆에 있는 카페에서 "간단한 아침식사"를 갖다 줄 용의가 있다고 말합니다. 물론, 돈을 주기만한다면 말입니다. 요제프 K는 옆 건물의 "지저분한 야간 카페"(KKAP 16)를 생각하며 제안을 거절합니다.

잠에서 깨어나는 상황을 의식으로 안정시키려는 노력이 실패하자 이제 주인공은 "가장 위험한 순간"의 자아 확인 문제를 사적 또는 제도적 의식의 바깥에서 해결하려 합니다. 즉 연극적, 반(反)의식적 행위로 말입니다. 그는 식탁에 앉는 대신 침대로 몸을 던지고 사과를 먹기 시작합니다. 카프카는 사과를 인간 타락에 대한 암시*로 종종 활용합니다. 즉 요제프 K는 즉흥극으로 신의 금지를 깨뜨립니다.**

아침의 평범한 보호 의식을 거름으로써 요제프 K에게 정체성의 위협이 그 사이 벌써 얼마나 심각해졌는지는 텍스트

---

*   『실종자』에서 카를이 클라라와 싸우는 장면, 『변신』에서 아버지가 던진 사과가 벌레로 변신한 그레고르 잠자의 등에 박히는 장면을 떠올릴 것.

**   그렇다면 성경의 인간 타락 장면은 에덴동산에서의 취식 금지 의식에 대응하는 최초의 문화적 즉흥극이다. 앞에서 살펴보았듯 칸트도 인간 타락을 계몽의 생산적 기회로 파악했다.

에서 이어지는 자기 대화를 보면 알 수 있습니다. 여기서는 죽음이 언급됩니다.

K는 적어도 감시인들 입장에서 그를 방에 몰아넣고 혼자 놔뒀다는 데 놀랐다. 여기서 그는 마음만 먹으면 얼마든지 스스로 목숨을 끊을 수 있었다. 하지만 동시에 K는 자신의 입장에서 그럴 이유가 뭐가 있느냐고 스스로에게 물었다. 두 사람이 옆방에 앉아 아침식사를 빼앗았다는 이유로?(KKAP 17)

이 위협적인 순간에 요제프 K는 어려운 상황에서 활용하는 확실한 일상 의식으로 다시 손을 뻗습니다. 그는 "좋은 화주(火酒)를 보관해 둔 벽장으로" 가서 곧장 술 두 잔을 연달아 비웁니다. "우선 한 잔은 아침식사를 대신"하는 것이고, "두 번째 잔"은 "만일의 경우를 대비하여 필요할 때 용기를 북돋우기" 위한 것입니다.(KKAP 17 이하.)

강제적 의식과 K가 벌이는 해방극이 번갈아 나타나는 게임은 요제프 K를 심문할 감독관이 도착하자 새로운 단계로 접어듭니다. 우선 심문을 위해 옷 입히기 의식이 지시됩니다. 감시인들은 요제프 K에게 검은 예복을 입으라고 강요합니다. 그는 "우스꽝스러운 세레모니(Ceremonie)"라며 거부하지만 결국 지시를 따릅니다('세레모니'는 카프카에게 '의식'을 뜻하는 말입니다).* 요제프 K가 감독관에게 받는 심문은 사적 영역과 공적 영역 사이에 묘하게 자리합니다. 심문은 같은 집에 사는 뷔르스트너 양의 침실에서 진행됩니다. 침실용 탁자는 방 한가운데로 옮겨져 심문용 탁자로 사용됩니다. 하지만 창문 손잡이에는 블라우스가 걸려 있고 가구 위에는 가족사진이 죽 늘어서 있습니다. 심문 장면의 이런 기묘한 배치**는 공적 의식, 곧 심문이 사적 공간이자 그야말로 내밀한 공간인 침실에서 벌어진다는 것을 보여 줍니다. 이렇듯 둘로 분열된 경험 탓에 요제프 K의 상황 판단은 두 지점 사이에서 갈팡질팡하기 시작합니다. 한편으로 그는 모든 일을 장난으로, 은행 동료들이 그의 생일을 맞아 벌이는 짓궂은 장난으로, 즉 몰취미한 생일 축하 연극으로 여기고 여기에 함께 참여할 용의를 보입니다. "…… 만약 희극이라면 함께 어울려 주려 했다."(KKAP 12) 하지만 다른 한편으로 그는 정체를 알

---

* 다음 경구를 참조. "표범들이 사원에 침입해 봉헌용 단지의 내용물을 다 마셔 버린다. 이런 일이 자꾸만 반복된다. 결국 사람들은 그것을 예상할 수 있고 이는 세레모니의 일부가 된다."(KKAN Ⅱ 46)

** 의식 연구의 용어로는 '전치(displacement)'. 의식의 안정화 기능을 파괴하기 위한 공간적 전이다.

수 없는 관청과 그 의식 때문에 위협을 느낍니다. "관리분들인가요? 아무도 제복은 안 입었는데 ……"(KKAP 21 이하)라고 그는 당황해 말합니다. 심리를 주관하는 감독관이 결국 요제프 K에게 전하는 메시지는 단 하나입니다. "당신은 체포되었습니다 ……"(KKAP 22) 하지만 동시에 감독관은 더욱 당황한 요제프 K에게 직장에서 마음 편히 계속 업무를 봐도 된다고 이야기합니다. K는 의식화된 강제와 일상극의 자유 사이에서 이 "일상적 영웅주의"(카프카가 자기 작품의 '주인공들'을 특징짓는 표현. KKAN Ⅱ 35)에 이끌려 평소 아침처럼 은행으로 출근합니다. 은행에서는 일상적 의식의 정상성이 다시 효력을 발휘합니다. 그는 동료들로부터 "공손하면서도 친근한 생일 축하"(KKAP 30)를 받습니다.

저녁에 사무실에서 귀가한 요제프 K는 뷔르스트너 양을 기다리기로 마음먹습니다. 심문이 열린 탓에 그녀 방이 어질러진 것을 사과하려는 것입니다. 그녀는 11시 반에 하필 극장에서 돌아옵니다. K는 응접실에서 그녀를 붙들고 속삭입니다. "오늘 아침에 당신 방이, 어느 정도는 제 잘못으로 조금 어질러졌어요."(KKAP 40) 그러자 뷔르스트너 양은 "법원 일"(KKAP 42)에 관심을 보이기 시작하며 "어땠는데요?"라고 묻습니다. 요제프 K는 간결하게 대답합니다. "끔찍했어요."(KKAP 43) 뷔르스트너 양은 "너무 막연한 대답인데요"라며 이의를 제기합니다. 이에 그는 "상황이 어땠는지 보여드릴까요?"(KKAP 44)라고 제안합니다. 즉 요제프 K는 극장에서 돌아온 뷔르스트너 양에게 아침의 심문 의식을 소재로 나름의 연극을 보여 주기 시작합니다. 그는 침실용 탁자를 다시 방 한가운데로 옮긴 후 아침에 감독관이 그랬듯 그 뒤에, 곧 판사 자리에 앉았다가 자기 자신인 피고가 되어 그 앞에 서기도 하면서 직접 상황을 연출합니다. K는 연극에서 모든 입장을 취하고 모든 목소리를 냅니다. 그는 여자의 침실에서 아침의 심문 의식을 한밤중의 사적인 연극으로 한 번 더 상연합니다. 제도와 그 대표자들의 강요를 받아서가 아니라, 스스로 책임을 지는 자유 속에서 말입니다. 클라이맥스 장면에서 그는 정체성의 상징인 자신의 이름, '요제프 K'를 큰 소리로 외칩니다. 소리가 너무 큰 나머지 옆방 사람이 잠에서 깨 벽을 두드릴 정도로 말입니다. 그는 그 정도로 "역할에 몰입"(KKAP 45)했던 것입니다.

요제프 K는 심문이라는 제도적 의식을 자유로운 즉흥극으로 탈바꿈합니다. 불안이 지배하는 강제를 자아 확인의 유쾌한 연극으로 바꿔 놓습니다. 의식이 연극과 오버랩되며 모호한 경험이 생겨납니다. 삶의 비극적인 심각성과 의도치 않은 희극성을 느끼는 것입니다. 이러한 혼란 속에서 주인공은 출구를 찾고 있습니다. 요제프 K는 법적 자기 공인이라는 정당화 게임을 성적 게임과 애정극으로 바꾸기 시작합니다. 그는 직업 경력의 위기를 애정 경력의 위기로 전환해 연출합니다.

> …… K는 …… 앞으로 달려가 그녀를 붙잡고 그녀 입에, 이어서 얼굴 전체에 키스했다. 마치 목마른 짐승이 마침내 발견한 샘물을 향해 탐욕스레 혀를 놀리는 듯했다. 마지막에 그는 그녀 목에, 후두 부분에 키스했고 그곳에 오래도록 입술을 대고 있었다.(KKAP 48)

카프카는 이러한 성적 경력으로의 전환으로 말하자면 서술이 실패할 위험을 '미연에 방지'하려 합니다. 하지만 그 효력은 갈수록 떨어집니다. 모든 서술의 출발점인 시작 장면의 성적 상황은 세 장편소설을 차례로 집필하는 동안(세 작품은 단 한 편의 교양소설을 위한 시도로도 읽을 수 있지만) 점점 더 모호해집니다. 실종자인 어린 카를은 성적 유혹을 받습니다. 업무 지배인인 서른 살 독신 남성 요제프 K는 법적, 관료주의적 소송에 내맡겨지지만 소송에는 여전히 성적인 순간들이 매우 분명히 섞여 있습니다. 마지막으로 『성』에서 기혼자이자 추방자인 토지 측량사 K는 에로틱한 원장면을 완전히 억압된 것, 즉 접근할 수 없는 것으로만 지니고 있습니다. '사회적 탄생' 과정은 이제 관료주의의 치외법권적 익명성 속에서 진행됩니다. 그리고 줄거리의 제도적 토대를 꿰뚫으며 항상 '함께 서술되는' 것은 다시, 무엇이라 자세히 규정할 수 없는 에로틱한 흔적입니다. 이때 세 소설 모두에서 '죄' 모티프는 에로틱한 지하실(Krypta)과 사회적 또는 법적 법칙의 관계에서 핵심 기능을 합니다. 죄의 존재는 계속 부정되지만, 죄는 성애화된 분위기로서 줄거리 주위를 감돕니다. 마치 도처에 부유하는 듯한 죄책감의 계속되는 양가성은 「화부」 이야기가 보여 주듯 '서술할 수 없는' 트라우마를 암시하는 것일 수 있습니다. 트라우마의 실체가 어디에 있는지는 알 수 없습니다. '실제' 과거사(Vorgeschichte)에서도, '법'에 투사되기만 했다가 '벌거벗은 생명'에 죄로 반사되는 뒷이야기(Nachgeschichte)[4]에서도 그 실체는 확인할 수 없습니다.*

카프카가 연출하는 시작 부분과 그 어려운 상황에서 주인

---

*   Derrida: *Préjugés. Vor dem Gesetz*, 193쪽

공들은 개인성을 획득하고 공고화하려 노력합니다. 그들은 자신에게 강요되는 제도적인 강제 의식에 스스로가 책임지는 자유의 연극과 욕망의 연극으로 응답하며 그러한 강제를 상쇄합니다. 그리하여 요제프 K는 거부당한 아침식사 의식을 체포에 항의하는 즉흥극으로 바꾸려 노력합니다. 사과를 들고 침대로 몸을 던지고, 화주 두 잔을 마시고, 마지막에는 자유로이 부유(浮遊)하는 소망에 따라 심문의 요소들로 애정 장면을 만들어 냅니다. 요제프 K는 그를 파괴하는 직업 경력에서 벗어나 해방적인 애정 경력으로 나아가려 합니다. 소설 마지막 부분이 보여 주듯 두 시도는 모두 실패합니다. 방향 설정 전략을 전환하는 과정에서의 이러한 혼란으로부터 서로 경쟁하는 삶의 감각이 발산됩니다. 자유라는 강렬한 삶의 감각과 저항할 수 없는, 강요된 희극성의 감각이 그것입니다.

1 이 소설의 제목인 독일어 Prozeß[Proceß]에는 '소송' 외에 '과정', '절차'
  라는 뜻도 있다

2 카프카에게 있어 느닷없는 위기에 대한 불안감은 사실 어린 시절부터 비
  롯된 것이다. 소년학교에 데려다 주는 가정부가 집에서 얌전치 못한 아
  이라는 사실을 선생에게 일러바친다는 위협 앞에 전전긍긍하던 때로부
  터 김나지움 시절 상급반으로 진학을 무사히 하고서도 "무능하고 무지한
  내가 2학년까지 무사히 슬금슬금 기어 올라갈 수 있었던 경위를 조사하
  기 위해 소집된 교사회의"에 대한 상상을 하는 등 '물질의 '더미'로 여겼
  던 세계가 그에게 벌이는 복수에 대한 상념은 그의 머리에서 떠나지 않았
  다. 심지어 그는 1914년 펠리체 바우어와의 파혼이 있었던 베를린의 한 호
  텔을 '법정'이라 말하기도 했다.[클라우스 바겐바하(Klaus Wagenbach)의
  『카프카—프라하의 이방인』(전영애 옮김, 한길사, 2005) 등의 전기를 참
  조.

3 독일어 Gericht에는 '법원', '법정'이라는 뜻도 있다.

4 Vorgeschichte와 Nachgeschichte는 '전사(前史)'와 '후사(後史)'로도 옮길
  수 있을 것이다. 트라우마의 실체가 어디에서 기원하는지는 알 수가 없는
  것이므로 서술할 수가 없다. 벤야민에 따르면(『독일 비애극의 기원』), 기
  원(Ursprung)은 발생(Entstehung)과 구분된다. 발생이란 연대기적으로 균
  질화된 시간 위에서 무언가가 최초로 등장한 시점을 가리키지만, 기원은
  생성과 소멸에서 '지금' 생겨나고 있는 것을 의미한다. 기원은 과거에 있
  는 것이 아니라 현재 속에 나타나고 있다. 과거의 어떤 것이 현재 속에서
  다시 완성되지 않은 상태로(왜냐하면 다시 미래 속에 나타나야 하기 때문
  에) 드러나는 현상을 벤야민은 기원이라 부르는 것이다. 그런 이유로 기원
  은 전사와 후사(Vor und Nach-geschichte)를 모두 끌어안고 있는 것이다.

눈먼 비유담—장편소설『소송』의 대성당 챕터

Die blinde Parabel —Das Dom-Kapitel im *Proceß*-Roman

눈먼 비유담―장편소설 『소송』의 대성당 챕터

장편소설 『소송』의 거의 끝에 나오는 '대성당에서' 챕터는 앞서의 양가성을 입증합니다. 요제프 K가 성당 내부로 들어갈 때 "요제프 K!"라고 외치는 소리가 울립니다.(KKAP 286) 그가 밤에 자기 자신을 탐색하며 외쳤던 소리는 이제 다시 의식적 심문 시나리오로 회수됩니다. 그리고 교도소 신부가 나타나면서 '문지기 전설'에 관한 대화가 진행됩니다. 문지기 전설은 의식과 해방극의 갈등을 다시 보여 줍니다. 이 "비유담"(카프카는 비유담을 "전설"이라 부릅니다)에서 "시골에서 온 남자"는 법 앞에서의 대기 의식에 순순히 따릅니다. 문지기를 옆으로 밀침으로써 그의 말을 무시하고 반항하며 법으로 들어갈 수 있을 텐데도 말입니다.* 그 대신 시골 남자는 나지 않는 허락을 기다리며 멍하니 시간을 보냅니다. 실패하는 경력의 전형이자 상징이 아닐 수 없습니다.

카프카 스스로도 자기 텍스트 속 체험을 특징짓고 텍스트 양식을 규정한 이런 모순을 생전에 알았습니다. 그것은 인생 계획의 숭고함과 일상 행위의 희극성 사이의 모순, 거대한 문학과 세분화된 그로테스크 사이의 모순입니다. 카프카는 잘 알려진 두 기록에서 그에 관해 스스로 해명합니다. 한편으로 그는 고상한 문학을 향한 자신의 노력을 언급합니다. 1917년 일기에는 이렇게 적혀 있습니다. "나는 '시골 의사(Landarzt)' 같은 작업에서 일시적인 만족을 느낄 수 있다. (무척 희박한 일이지만) 또 그런 작품을 쓸 수 있다고 전제한다면 말이다. 하지만 세계를 순수한 것, 참된 것, 불변하는 것으로 고양할 수 있는 경우에만 행복하다."(KKAT 838) 다른 한편으로 카프카는 계속 자기 텍스트가 편협하고 저급하다고 주장합니다. 죽기 이 년 전인 1922년에 한스 마르더슈타이크(Hans Mardersteig)

* Ulf Abraham: Mose »Vor dem Gesetz«. Eine unbekannte Vorlage zu Kafkas »Türhüterlegende«, in: Deutsche Vierteljahrsschrift LV Ⅱ (1983), 636-650쪽 참조. 아브라함은 카프카의 전설에 대한 선행 텍스트로 하디시즘의 이야기를 제시한다. 이 이야기에서 모세는 문을 지키는 천사를 옆으로 밀치고 쉽게 법으로 들어간다.

에게 쓴 편지에서처럼 말입니다. 여기서 카프카는 자신이 쓰려 하는 것이 "애처로울 정도로 한심한 것, 공허한 양말 뜨기 작업, 기계적으로 조립해 만든 편협하고 조잡한 물건"*이라고 말합니다. 즉 카프카 스스로도 자기 작품에서 숭고함과 희극성 사이의 균열을 인지한 것입니다. 이 균열에서 독자는 카프카 텍스트의 탁월함과 현대성을 알아봅니다. 또한 『소송』이 요제프 K와 관련해 추진하는 삶 서술의 과정성(Prozeßhaftigkeit)이 문지기 전설의 위기 공식에서 이미지로 압축되는 것도 이 균열 때문입니다.**

비유담 장르는 사례담(Beispielserzählung) 형태로 나타나는 소규모 서사 형식입니다.*** 비유담의 근저에는 진술 형식의 비(非)본래적 구조(Uneigentlichkeitsstruktur)가 있습니다. 하지만 이러한 비본래적 진술이 무조건적 정당성을 지닌 발화자

* 　한스 마르더슈타이크에게 보낸 편지. »Die Zeit«, Nr. 31(29. Juli 1983), 33쪽.

** 　여기서 알아야 할 점은 이러한 압축 과정이 소설 시작 부분에서 비유담으로 나아가는 시간 순서와는 무관하다는 것이다. 카프카는 문지기 전설을 『소송』 첫 챕터보다 더 먼저 썼기 때문이다.

*** 　다음의 기본적 논의 참조. Renate von Heydebrand: *Parabel*, in: Joachim Ritter und Karlfried Gründer (Hg.): *Historisches Wörterbuch der Philosophie*, Basel 1989, Band 7, 65–74쪽; dies.: *Parabel. Geschichte eines Begriffs zwischen Rhetorik, Poetik und Hermeneutik*, in: *Archiv für Begriffsgeschichte*, Bonn 1991, XXXIV, 27–122. 또한 Theo Elm: *Die moderne Parabel. Parabel und Parabolik in Theorie und Geschichte*, München 1982.

와 연관된다는 점도 비유담의 토대입니다. 이때 발화자는 진술된 내용에 대한 공인 그 자체입니다. 기독교 전통에서 이와 같은 공인 심급의 화신은 예수 그리스도입니다. 그리스도는 자신이 비유담으로 현시하는 참된 말의 발화자이자 공인자입니다. 교부 오리게네스(Origenes)는 이를 분명하게 말합니다. "In parabolis et aenigmatibus locutus est Deus ipsissima vox. (비유와 수수께끼에서 하느님 자신의 목소리가 말씀하신다.)"* 그리스도가 말하는 비유는 (오직) 그의 목소리로 보증되는, 초월적 진리의 예시로 나타납니다. 그리스도는 비유담의 본질인 본래적인 것과 비본래적인 것의 연결을 자기 실재(實在 / Realpräsenz)의 진실성으로 굳게 정당화합니다.[1] 이로써 구술성을 암시하는 독특한 언어 게스투스(Sprachgestus)가 비유담의 또 다른 본질적 특징으로 도출됩니다. 이 언어 게스투스는 비유담의 네 가지 핵심을 연결합니다. 비유담 연구에서도 관용어로 정착된 의미 영역(Sachhälfte), 형상 영역(Bildhälfte)[2], 행동에 대한 촉구, 구술성이 그것입니다.

카프카의 이른바 비유담은 이런 전통적 모델을 따르지 않

---

* Heydebrand: *Parabel*, 37쪽 참조.

으며 이를 전복합니다. 문지기 전설은 음성 중심주의적인 '참된' 말을 내세우는 전통적 비유담 모델과 어긋납니다. 예로부터 이 모델을 특징짓는 네 가지 핵심 전부에 배치됩니다. 전통적 비유담 모델이라 하면, 진술의 본래적 요소와 비본래적 요소의 융합 가능성, 행동과 관련된 윤리적 명령, 원래의 구술성을 나타내는 핵심 지표, 그리고 마지막으로 문학적 형식의 세계에서 유일무이한 공인된 지위를 빠뜨릴 수 없습니다. 비유담의 이 네 가지 속성을 보다 근본적으로 뒷받침하는 것은 '옛날에 진리의 말이 있었다'라는 말일 것입니다. 그리고 이 진리를 보여 주는 것이 비유담입니다. 하지만 카프카는 『소송』의 대성당 장면에서 참된 말의 유효성에 의문을 제기하는 시나리오를 기초함으로써 앞에서 언급한 네 가지 핵심 전부를 부정합니다.

우선 첫 번째 규정에 관해 살펴보겠습니다. 대성당 장면은 진술의 본래성과 비본래성의 융합 가능성에 맞서 서로 모순되고, 서로를 전복하는 해석들을 한데 엮어 제시합니다. 진술된 말 자체와 그 비유적 성격 사이에서 여러 해석이 충돌하는 것입니다. 이로써 대성당 장면은 안정화 작용을 하는 것이 아니라, 오히려 세계 질서를 통해 생산된 관계, 곧 발화 행위, 논의되고 평가되는 사건, 생활세계(Lebenswelt) 내 실제 행위 사이 관계를 전부 해체합니다. 전통적 비유담의 두 번째 측면, 즉 행동에 대한 촉구 역시 대성당 장면에서 전복됩니다. 어둠 속에서 신부는 "요제프 K!"라고 외칩니다. 하지만 울려 퍼지는 윤리적 명령에 요제프 K가 응하려 할 때 신부가 그를 제지합니다. "그러니 제가 당신한테 무언가를 원할 이유가 뭐 있겠습니까. 법원은 당신에게 아무것도 원하지 않습니다. 당신이 오면 받아들이고 가면 보내는 겁니다."(KKAP 304) 여기서는 진리의 게스투스 대신 '오라 그리고 가라!'라는 이중의 구속이 나타납니다. "심문을 받는 주인공"은 이 때문에 부동 상태가 됩니다.

세 번째 특징에 관해서도 상황은 별반 다르지 않습니다. 원래의 구술성을 나타내는 지표 역시 대성당 장면에서 제거되기 때문입니다. 우선 요제프 K는 살아 있는 목소리, 신의 목소리에 대한 바로 그 "신뢰"를 소환하며 신부를 그 목소리의 대변자로 여깁니다. 따라서 요제프 K는 이런 말도 합니다. "신부님은 법원에 소속된 모든 사람 중에 예외입니다. 저는 …… 신부님을 신뢰합니다……" 그러나 신부는 이를 부정합니다. "착각하지 마십시오."(KKAP 292) 여기서 중요한 것은 진리를 증명하는 목소리가 아니라, 불변하고 고정되었으며 어떤 해석에도 닫힌 글입니다. "의견을 너무 신경 쓰면 안 됩니다. 글은 변하지 않고, 의견은 그에 대한 절망의 표현에 지나지 않는 경우가 많습니다."(KKAP 298)

그리고 이로써 네 번째 측면, 즉 초월적 권위를 통해 형성되며, 발화된 내용의 진리를 입증하는, 무조건적인 공인의 게스투스 또한 부정됩니다. 남는 것은 문자로의 퇴각입니다. 이제 스스로가 메시지가 되는 매체, 목소리의 진실성인 진리 대신에 글인 법을 발효하는 매체만이 남습니다. 이렇듯 카프카는 성경의 비유담이 지닌 진리의 힘에서 권위를 원천적으로 제거합니다. 비유담의 의미 영역과 형상 영역은 더는 진리의 말을 위해 하나가 되지 못합니다.

이러한 맥락에서 이중의 문제가 중요해집니다. 한편으로는 포섭(Subsumption)이라는 철학적이고 법적인 문제, 즉 특수한 사례인 개별적인 것을 일반적 법질서에 맞추는 문제가 있습니다. 다른 한편으로는 상징화(Symbolisation)라는 문학적 문제, 즉 개별적인 것을 중요한 사례로 고양하는 문제가 있습니다. 이때 특수한 것인 중요한 사례는 개별적인 것을 일반적인 것과 매개합니다. 바로 예술을 통해서입니다.*

    포섭 또는 상징화, 이 둘은 교양소설의 관념으로 표현하자면, 개별적인 것과 일반적인 것, 순간과 삶 전체의 매개라는 문제에 대한 두 가지 해결책입니다. 그리고 카프카가 연출하는 법의 비유담은 바로 이 해석학적 이중 문제, 곧 (생활세계 내) 준거성(Referentialität)과 (예술 세계 내) 형상성(Figuralität)의 문제를 다룹니다. 이때 문학적 해석학은 법적 해석학과 애초부터 불가분의 관계인 동시에 계속 마찰을 빚습니다. 데리다의 표현처럼 문학은 법을 다루는 데 어려움을 겪고, 반대의 경우도 마찬가지입니다.**

---

*   Georg Lukács: *Über die Besonderheit als Kategorie der Ästhetik*, Neuwied-Berlin 1967 참조.

**   시골에서 온 남자는 이를 증명한다. "L'homme de la campagne avait du mal à entendre la singularité d'un accès qui devait être universel, et qui en vérité l'était. Il avait du mal avec la littérature." Derrida: *Préjugés*, 361쪽.

1 조르조 아감벤은 「비유와 왕국(Parabola e Regno)」란 글에서 카프카의 유
고 작품 「비유에 관하여(Von den Gleichnissen)」를 예시하며 "비유에 관
한 비유는 더 이상 비유가 아니"라는 말을 한다. "현실[여기서는 본래적
인 것]과 비유[여기서는 비본래적인 것]를 구분하는 데만 주력하는 사람
은 비유를 의미를 깨닫지 못한다. '비유가 된다는 말'은 하느님의 말씀과
하느님의 나라 사이에, 말과 현실 사이에 사실상 아무런 차이도 없다는 사
실을 이해하는 것과 같다"는 것이다. 그래서 「비유에 관하여」에서 현실에
서 벗어나는 것이 여전히 하나의 비유라고 믿는 두 번째 화자는 질 수밖에
없는 것이다. 복음서에서 예수는 빈번히 비유를 들어 말한다. 너무 빈번
한 나머지 결국에는 '비유(parabola)'라는 단어에서 '말하다(parlare)'라는
동사가 유래했을 정도이다. 예수는 "비유를 들지 않고는 아무것도 말씀하
지"(마태복음 13:34) 않았다. 하지만 그 같은 진리의 공인자는 더 이상 존
재하지 않는다. 앞서의 아감벤의 글은 『불과 글(Il fuoco e il racconto)』(윤
병언 옮김, 책세상, 2017) 38-58쪽.

2 의미 영역은 비유담의 메시지, 속뜻이며 형상 영역은 겉으로 드러난 이야
기 자체이다.

"경력" 건축의 실패: 「굴」

Das Scheitern der "Karriere"-Architektur: *Der Bau*

"경력" 건축의 실패: 「굴」

장편소설의 '실패한 시작'과 '열린 결말'을 고찰할 때 고려해야 할 점은 어떤 위기가 그런 서술 불가능성을 초래하는가 하는 것입니다. 그리고 한쪽에서는 시작을 가로막고 다른 한쪽에서는 결말을 마무리하지 못하게 하는 위기가 여러 가지라는 점도 감안해야 합니다. 시작의 위기는 유기적 성장이라는 질서 틀에서 점화되는 듯합니다. 아이가 자연에서 나와 문화로 들어가는 일이 그것입니다. 카를 로스만과 그가 의도치 않게 낳은 아이. 성적인 원장면. 생식과 탄생, 성장과 교육을 의미하는 발전. 반면 결말의 위기는 구성적 힘과 관련됩니다. 사무실, 호텔, 극장, 경주로 같은 제도가 되었든 아니면 개인이 되었든 이 힘이 작용합니다. 구성적 힘은 실제 삶, 즉 스스로를 형성하는 유기체를 말하자면 완성되는 삶의 건축물로서, 규율화와 법 규정의 구성물로서 사회 구조에 편입하려 합니다. 카프카 장편소설의 시작 부분에서 두드러지는 것은 생물학적 몸입니다. 엔텔레케이아(entelecheia; 완전현실태 / 完全現實態)인 생물학적 몸은 목표를 향해 삶의 행로를 밟기 시작합니다. 반면 카프카 장편소설의 결말 부분에서는 구성과 사회적 전략 및 제도가 두드러집니다. 이것들은 자연에서 나온 몸을 조형하고 규율화하고 심지어 파괴하기도 합니다. 삶의 진화라는 논리와 삶의 사회적 구성이라는 논리는 보완적 지지력을 상실했습니다.

면밀하게 한번 살펴보면 삶의 질서를 작동하는 수단으로서 건축의 장치가 초기의 교양소설 실험인 「폐허에 사는 작은 남자」부터 1923년 말에 집필되어 마찬가지로 미완성으로 남은 후기 텍스트 「굴(Der Bau)」에 이르기까지 카프카의 전 작품을 꿰뚫는다는 것을 알 수 있습니다.(KKAN Ⅱ 575-632) 카프카는 질서 틀로서의 건축 모델에 관해 많이 언급했는데 그중 하나를 인용해 보겠습니다.

판단하는 생각은 아픔으로 괴로워했다. 격심한 고통을 더하며 아무런 도움도 되지 않았다. 마치 완전히 불타 버리는 집에서 건축의 근본 물음을 처음으로 던지는 것과 같다.(KKAN Ⅱ 13)

후기 텍스트인 「굴」은 극단적인 개인 이야기의 형태를 띤, 교양소설의 소실 단계(Schwundstufe)[2]입니다. 이 텍스트는 잠재적 적을 막기 위해 지하에 삶의 터전을 구축하는 한 동물 개체의 보고입니다.* 안전한 삶을 완성할 건축 사업의 출발점 역할을 하는 것은 미로입니다. 이 혼돈의 지점 주위로** 안전을 계속 보장해야 하는 굴이 만들어집니다. 카프카가 쓰고, 굴 속 동물이 말합니다.

…… 나는 그곳에 멋진 지그재그 통로를 만들었다. 그곳에서 나의 굴이 시작되었다. 당시만 해도 계획대로 굴을 완성할 수 있으리라고는 기대할 수 없었다. 나는 반쯤은 장난삼아 그 작은 모퉁이 부분을 작업하기 시작했고, 그곳에서

---

*   「학술원에 드리는 보고」와 달리 이 텍스트에서는 보고의 수신자를 알 수 없다. 혹시 보고문을 쓰는 동물 자신이 수신자가 아닐까?

**   여기서 미로는 인생 건축의 출발점으로 나타난다. 미로는 혼돈과 해독해야 하는 암호화된 질서 사이에서 진동한다. 즉 물질적 혼돈인 동시에 창조의 핵이다.

미로를 만들며 처음으로 주체할 수 없는 기쁨을 느꼈다. 당시 그 미로는 내게 모든 건축물의 최고봉 같았다. 하지만 오늘날 나는 그것을, 아마 이쪽이 더 정확할 텐데, 너무 편협하고 굴 전체에 걸맞지 않은 어설픈 결과물로 평가한다. 이론상으로는 가치가 높을지 몰라도 …… 실제로는 벽이 너무 얇은 어린애 장난이다…… (KKAN Ⅱ 586 이하)

동물은 굴을 통해 굴 거주자로서의 자기 자신과 자기 개성을 구축하려 합니다. 다시 한 번 동물이 말합니다.

굴은 나를 지나치게 몰두하게 한다. 나는 잽싸게 입구를 벗어나지만 금방 되돌아온다. 좋은 은신처를 찾아 숨어서 집 입구를 감시한다. 이번에는 밖에서, 며칠 밤낮이고 …… 그러면 마치 내 집 앞이 아니라 나 자신 앞에 서 있는 것 같다 ……(KKAN Ⅱ 590 이하)

작업하는 동안 동물은 이러한 삶의 건축물이 완벽하다는 환상을 점점 더 품습니다.

그럼으로써 나는 기술적인 면을 숙고하느라 골몰하고, 정말로 완벽한 굴을 다시 한번 꿈꾸기 시작한다 …… 눈을 감고 있으면, 남몰래 드나들 수 있는 굴을 만들 방안이 선명하게 또는 흐릿하게 떠오르고 나는 희열을 만끽한다.(KKAN Ⅱ 599)

하지만 삶을 끝까지 건축적으로 구성하는 동물은 굴을 완성하고 이로써 인생 프로젝트를 완결하려는 희망을 이루지 못합니다. 동물을 엄습하는 단 하나의 생각이 구조물 전체를 파괴합니다. 지금껏 생각한 것과 달리 자신이 스스로의 건축 시스템이 아니라 "낯선 굴 속"에 살고 있으며 "이제 주인이 흙을 파며 내게로 접근하고 있다"(KKAN Ⅱ 627)는 자기 파괴적이고 편집증적인 환상이 그것이며 이는 소리로 나타납니다. 동물은 굴의 형태로 필생의 사업을 완성할 기회를 헛되이 잃습니다. 삶을 끝까지 이야기하려는 카프카의 시도는 건축 행위이자 공간적 구성 행위입니다. 하지만 "자전적 동물(animalautobiographique)"[3]은 자신을 파괴할 위험이 있는, 자기 안의 '낯선 것' 때문에 실패합니다.* 삭제된 텍스트 버

---

* 진화 및 문화적 과정에서의 동물상(像) 문제에 관해서는 데리다의 중요한 책을 참조. Jacques Derrida: *Das Tier, das ich also bin*. Hg. von Peter Engelmann. Wien 2010.

전에서 카프카는 그 이유를 설명합니다. 그에 따르면 필생의 사업을 완성하고 결말을 지으려는 노력이 실패하는 것은 건축 장소와 건축 계획의 불일치 때문입니다.

건축가다운 면이 언제나 내 핏속에 있었던 것이 틀림없다. 어렸을 때부터 나는 모래에 지그재그와 미로의 계획을 그렸고 마음속으로는 동물의 부드러운 발로 모래 위 숱한 선을 따라 서둘러 움직였다. 그리고 도처에서 건축에 적합한 장소를 찾아다녔지만 어디에서도 발견하지 못했다. 계획에 맞는 장소는 어디에도 없었다. 어떤 장소도 계획을 수용하기에 적합해 보이지 않았고 어떤 계획도 장소에 충분히 강하게 각인되는 것 같지 않았다.[*]

계획은 장소에 각인될 만큼 충분히 강하지 않고, 어떤 장소도 계획을 수용하기에 적합해 보이지 않습니다. 이것이 카프카의 건축학적 결론을 특징짓는 아포리아 공식입니다. 은신처를 찾아 삶의 건축에 몰두하는 동물은 기껏해야 "폐허에 사는 작은 남자"에 그칩니다.

[*]   KKAN Ⅱ Apparatband 429쪽 이하.

1 독일어 Bau는 '건축', '구조'를 뜻하기도 한다.

2 영어로는 zero grade. 언어학 용어로 인구어(印歐語)의 모음 교체 단계 중 모음이 없어지는 단계를 뜻한다. 여기서는 비유적인 의미로 쓰였다.

3 '자전적 동물(L'animal autobiographique)'이란 1997년 7월에 스리지 라 살(Cerisy-la-salle)에서 열린 콜로퀴에서 데리다가 한 한 강연 제목이기도 하다. 저자의 각주에서 언급된 책은 2006년 『L'animal que donc je suis』라 는 제목으로 사후 프랑스 Galilee 출판사에서 나왔다.

인간과 동물의 경계에 있는 인류학

Eine Anthropologie auf der Grenze zwischen Mensch und Tier

인간과 동물의 경계에 있는 인류학

카프카의 인류학은 변신을 주제로 인간과 동물의 관계를 상세히 다룹니다. 인간은 자기 안의 동물 없이는 스스로를 이해할 수 없습니다. 인간은 내부의 동물을 자기만의 '낯선 것'으로, 인간 세계에 의해 어쨌든 조작된 것으로 경험합니다.* 이 새로운 인류학은 동물과 인간, 자연과 문화, 유기적 성장과 삶의 건축 사이의 유동적 경계를 주목합니다. 이 경계에서 변신이 일어나고 연출됩니다.** 또한 이 인류학은 유

---

*   조르조 아감벤은 이러한 생각을 다시 전개했다. Giorgio Agamben: *Das Offene. Der Mensch und das Tier*, Frankfurt am Main 2003.

**   Gerhard Neumann: *MENSCHEN/AFFEN. Erkundung der Grenze zwischen Kultur und Natur*, in: Thomas Anz (Hg.): *Natur—Kultur. Zur Anthropologie von Sprache und Literatur*, Paderborn 2009, 93-108쪽 참조.

기적 성장과 구성적 능력, 자연적 기원과 문화적 형성, 즉 진화와 건축의 차이를 끊임없이 새로 찾아내며 자기를 규정하는 인간을 주목합니다.* 뷔퐁(Georges-Louis Leclerc de Buffon)[1]은 이러한 통찰을 18세기에 이미 조심스럽게 표현했습니다. "S'il n'existait point d'animaux, la nature de l'homme serait encore plus incompréhensible."** 만약 동물이 없었다면 인간의 본성, 본질을 이해하기는 훨씬 어려웠을 것이라는 말입니다. 자크 데리다의 표현에 따르면 인간은 "자전적 동물"입니다.*** 조르조 아감벤은 데리다의 생각을 심화했습니다. 그에 따르면 인간은 "인간이기 위해 스스로가 인간적이라 인식해야 하는"**** 동물입니다.

기원에 대한 서사는 나중에 기원에 대한 증명이 됩니다. 이것이 카프카가 나름의 방식으로 표현한 구원사와 다원주의의 양립 불가능성입니다. 원숭이 그리고 동물 일반은 카프

*   이와 같은 상황을 탐구한 저자의 논문으로는 다음이 있다. Gerhard Neumann: *Chinesische Mauer und Schacht von Babel. Franz Kafkas Architekturen*, in: Deutsche Vierteljahresschrift 83 (2009) Heft 3/September, 452–471쪽.

**   Agamben: *Das Offene*, 9쪽.

***   *L'animal autobiographique. Autour de Jacques Derrida*, Paris 1999 참조.

****   Agamben: *Das Offene*, 36쪽.

카에게 혼종적 존재(Mischwesen)입니다. 이 존재는 행동으로 이어지는 발화 행위로 동물과 인간 사이 경계를 스스로 수행적(performativ)으로 규정하고 옮깁니다. 이것이 카프카가 자신의 위기 시나리오에 동물을 숱하게 등장시키는 이유, 즉 위기 시나리오를 동물 실험으로 구성하는 이유입니다. 동물에게서 유기적 성장은 전략적 구성력과 교차합니다. 원숭이 빨간 페터의 경우 그것은 언어적 퍼포먼스입니다. 굴 속 동물의 경우 그것은 유기체 모델에 개입하는 계획적 건축입니다. 동물과 인간의 유동적 경계가 변신의 자리입니다.

카프카 작품은 네 가지 변신 모델을 다룹니다. 네 모델은 일련의 실험으로 구상되었습니다.[*] 우선 「학술원에 드리는 보고」에 나오듯 동물에서 인간으로의 변신이 있습니다. 이어서 단편 「변신」에 나오듯 인간에서 동물로의 변신이 있습니다. 또한 인간에서 무(無)로의 변신, 그리고 단식 광대가 사라지고 나서 표범이 대신 우리를 차지하는 것처럼 동물이 인간을 대체하는 모델[2]이 있습니다. 마지막으로 「가장의 근심」이나 「잡종(Eine Kreuzung)」에 나오듯 유기체(인간 또는 동물)에

[*] Gerhard Neumann: *Kafkas Verwandlungen*, in: Aleida und Jan Assmann (Hg.): *Verwandlungen. Archäologie der literarischen Kommunikation* IX, München 2006, 245-266쪽 참조.

서 인공물, 구성물, 혼종적 존재, 사이보그*로의 변신이 있습니다.

카프카에게 변신은 에릭 H. 에릭슨(Erik H. Erikson)[3]의 이론이 추측하는 것 같은 사회적 경력의 요소가 아닙니다. 괴테가 구상하는 것 같은 '살아가면서 발전하는 엔텔레케이아의 싹'이 아닙니다. 성찬식에서처럼 실체 변화(Transsubstantiation)의 과정이 아닙니다. 지그문트 프로이트(Sigmund Freud)에게서 볼 수 있듯 꿈과 트라우마의 전치(轉置) 및 압축 과정에서 나타나는 망령이 아닙니다.** 오비디우스(Publius Naso Ovidius)[4]에게서처럼 인간 세계에 대한 신의 개입이 아닙니다.*** 카프카에게 변신이란 오히려 충격 속에서 섬뜩한 '타자'로, "끔찍한 갑충"으로 나타나는 자아의 경험입니다. 그레고르 잠자는 "내가 어디에서 왔지?"라고 묻지 않습니다. "내가 어디로 가려는 거지, 아니면 어디로 가게 되는 거지?"라고도 묻지 않습

*   Donna Haraway: *Manifesto for Cyborgs. Science, Technology, and Socialist Feminism in the 1980's*, in: Socialist Review 80 (1985), 65-108쪽 참조.

**   Sigmund Freud: *Erinnern, Wiederholen, Durcharbeiten* (1914), in: *Studienausgabe*. Hg. von Alexander Mitscherlich et al. Band 11. Revidierte Neuausgabe. Frankfurt am Main 1989, 205-216쪽.

*** Gerhard Neumann: *Kafkas Verwandlungen*, 244-251쪽 참조.

니다. 그는 "나한테 무슨 일이 생긴 거지?"(KKAD 115)라고 묻습니다.

이것은 아우라도 예측도 없는 변신입니다. 이 충격은 삶의 서술을 불가능하게 하는 위기를 표현합니다. 지그문트 프로이트가 인간 주체와 자의식의 세 가지 모욕이자 자아를 무력화한 학설로 코페르니쿠스 혁명, 다윈주의 그리고 정신분석을 내세웠다면,* 카프카적 변신의 충격은 네 번째이자 가장 급진적인 모욕입니다. 왜냐하면 변신의 충격은 새로운 방향 설정 모델을 만들지 않고 모든 방향 설정 모델을 놓아 버리는 형태로 나타나기 때문입니다. 남는 것은 '마치~처럼(Als-Ob)'입니다. 카프카의 주인공들은 질서 틀이 실패했음을 알면서도 그것을 마치 아직 유효한 것처럼 취급합니다. 파국에 이를 때까지 말입니다. 카프카의 빨간 페터는 이러한 전략을, 그것이 그를 가상의 목표로 이끌어 준다면, "슬쩍 달아나기"(KKAD 312)라 부릅니다.

이때 변신의 충격, 방향 설정 위기의 '눈먼' 순간은 제도

---

*   Sigmund Freud: *Studienausgabe*, Band Ⅰ. *Vorlesungen zur Einführung in die Psychoanalyse. Und Neue Folge*, Frankfurt am Main 1969, 283쪽 이하.

적, 경제적, 정치적 이해관계에 따라 때때로 이러저러하게 설정된 동물과 인간의 경계를 확실히 알아내지 못하게 합니다. 왜냐하면 카프카에 따르면 동물과 인간, 자연과 문화, 충동과 이성을 구분 짓는 데 사용할 수 있는 삶의 지식은 이제 없기 때문입니다. 따라서 교양소설 프로젝트 『실종자』의 주인공은 인간과 동물의 요소가 조합된 "로스만(Roßmann)"[5]이라는 이름을 가집니다.

발터 벤야민이 최초로 흔적을 추적한, 카프카 작품과 그에 내포된 인류학은 문화 속 인간 경력의 실패라는 범주에 분열적이면서 생산적인 새 가치를 부여합니다. 엄밀히 보면 프란츠 카프카의 시적 인류학은—실패하는 경력을 배경으로—현대 문화의 두 가지 핵심적인 방향 설정 위기에 초점을 맞춥니다. 곧 "문화로 가는 길에서 무언가가 어떻게 시작되는가?"라는 첫 번째 물음이 있고, "문화 속에서 그것을 어떻게 의미 있게 완성하는가?"라는 물음이 그 뒤를 잇습니다. 카프카 인류학의 기본 구성으로부터 네 가지 통찰을 이끌어 낼 수 있습니다. 첫째, 문화 속에서 인간의 개인성을 형성할 때—개인성의 경력을 처음부터 끝까지—진화 패러다임과 건축 패러다임 사이에서 어쩔 수 없는 마찰이 생깁니다. 이는 다원주의 논리와 삶의 교육학 논리 사이의 마찰이라고도 할 수 있을 것입니다. 한쪽에는 자연적 흐름 속에서의 지양(止揚)이라는 상이 있고, 다른 한쪽에는 인위적 시스템에 대한 구성적 작업의 상이 있는 것입니다(전자 데이터 처리 환경에서는 이제 더 나아간 발전 단계를 나타내는 이 과정에 대해 '유기체였던 것은 코드가 되어야 한다'라는 표현을 사용해야 할 것입니다).* 두 번째로 도출 가능한 통찰은 이렇게 바꿔 말할 수 있습니다. 카프카 인류학은 인간을 경계적 존재로 규정하려 합니다. 이런 의미에서 동물 이야기는 카프카의 시적 인류학에서 중요한 장치입니다. 이때 동물은 문학적 모티프가 아니라 성장 원칙과 구성 원칙의 경계에서 앎을 매개하는 존재**로 이해할 수

---

* 이런 생각은 만프레트 D. 라우비흘러(Manfred D. Laubichler)의 논문에 나타난다. Manfred D. Laubichler: *Die Virtuosität der Natur*, 153-175쪽, 포스트모던의 등장과 무의식으로부터의 전향으로 종말에 이르는 프로이트 시대는 다음 문장으로 특징지어졌다. "그것이 있던 곳에 내가 생겨나야 한다(Wo Es war, soll Ich werden)."

** 이는 벤야민 뷜러(Benjamin Bühler)와 슈테판 리거(Stefan Rieger)가 쓴 주목할 만한 책의 테제이다. Benjamin Bühler und Stefan Rieger: *Vom Übertier. Ein Bestiarium des Wissens*, Frankfurt am Main 2006. 그 밖에 J. M. Coetzee: *Elizabeth Costello*, New York 2003 참조. J. M. 쿠체의 작품에서 강연 여행을 하는 여자는 카프카의 빨간 페터와 그의 「학술원에 드리는 보고」, 즉 정치적, 인간적, 경제적, 철학적 관점에 대해 이야기한다. 여자는 여러 반박을 불러일으키고 이로부터 인간에 대한 물음이 재구성된다.[이와 관련된 쿠체의 다른 책으로는 다음을 참조. 존 쿳시[쿠체], 『동물로 산다는 것』(전세재 옮김, 평사리, 2006) 작품 속의 화자는 강연에서 빨간 페터 이야기는 유대계인 카프카가 비유대인을 상대로 쓴 글이라는 점을 환기시키면서 나치 수용소의 만행을 포함하여 현대 문명의 잔혹성에 대해 이야기한다. ─옮긴이]

있습니다. 인간은 동물과 자신을 구분하는 것이 아니라 자기 정체성의 이미지에 동물의 타자성을 통합함으로써 스스로를 정의합니다. 카프카 인류학의 세 번째 요소로는 변신의 동기를 들 수 있을 것입니다. 변신을 유발하는 것은 더 이상 미적으로 아우라화되지 않는 정체성의 충격입니다. 이 충격은 엔텔레케이아와 선형적 발전이라는 삶의 개념을 무효화합니다. 마지막 네 번째 인류학적 통찰로 강조할 수 있는 것은 카프카가 개인성의 생산도구인 삶의 경주로라는 상, 즉 직선적 경력의 질서 틀 대신 방향 설정의 위기를 제시한다는 점입니다. 카프카는 이 위기를 실험적 산문 작품에서 논합니다.

따라서 카프카가 교양소설로부터 '눈먼 비유담'이라는 실험적 단편산문으로 전향한 데에는, 제가 보이려 한 것처럼, 문화를 감안할 때 충분히 근거가 있다고 입증됩니다. 문화란—카프카의 인류학을 이렇게 설명할 수 있을 텐데—회귀(回歸)적 서사입니다. 문화란 그에 대해 아무런 약속도 주어지지 않은 사회적 교양과 변신을 달성하는 일입니다. 하지만 약속은 나중에,이야기를 통해, 예기치 않게 이행될 수 있습니다. 이러한 이행의 장소가 바로 문학입니다.

1 뷔퐁은(1707~1788) 프랑스의 박물학자로 1739년 이후 파리의 왕립식물원 원장을 지내면서 44권에 이르는 방대한 『박물지(histoire naturelle)』를 저술했다. 아카데미에서 행한 연설(「문체에 관한 연설」)에서 "문체는 곧 인간이다"라는 말을 남기기도 했다.

2 카프카의 단편 「단식 광대(Ein Hungerkünstler)」참조. 대형 서커스단의 우리에서 단식을 멈추지 않던 단식 광대는 결국 짚더미 속에서 죽는다. 그가 감독관에게 마지막으로 남긴, 자신이 단식을 멈추지 않았던 이유는 다음과 같다. "왜냐하면 저는 입에 맞는 음식을 발견하지 못했기 때문입니다. 만약 그것을 찾아냈다면, 저는 결코 세인의 주목을 끌지 못했을 테고 당신이나 다른 모든 사람들처럼 배가 부르게 먹었을 겁니다." 우리를 대신 차지한 표범은 "결코 자유를 그리워하는 것 같지도 않다." 무엇이든 물어뜯을 수 있는 표범의 "아래윗니 어딘가에 그 자유가 숨겨져 있는 것 같았다."

3 에릭 H. 에릭슨(Erik Homburger Erikson; 1902-1994년)은 독일 출신 미국의 발달심리학자이자 정신분석학자로 청년기의 정체성 위기의 해결방법을 제시한 자아심리학의 대표적 이론가이다.

4 고대 로마 시인으로 서사시 형식으로써 신화를 집대성 『변신이야기』(전 15권)를 남겼다.

5 독일어로 Roß는 '말(馬)'을, Mann은 '남자'를 뜻한다.

Gerhard Neumann
게르하르트 노이만

게르하르트 노이만(1934-)은 1934년 브륀[Brünn; 모라비아(Mähren) 지방]*에서 태어났다. 추방** 후 튀링겐(Thüringen)과 니더라인(Niederrhein)에서 학창 시절을 보냈고, 1955년부터 프라이부르크(Freiburg), 빈(Wien), 파리(Paris) 대학에서 독문학과 로만어 문학을 공부했다. 1963년 괴테의 「토르콰토 타소(Torquato Tasso)」에 대한 논문으로 박사 학위를 받은 후 파리의 괴테 인스티튜트에서 어학 강사로 일했다. 1964년 대학으로 돌아왔다. 1972년 프라이부르크 대학

* 오늘날 체코의 브르노(Brno)
** 2차 세계 대전이 끝난 후 브르노의 독일계 주민은 강제 추방당했다.

에서 아포리즘에 대한 논문으로 교수 자격을 취득했으며 그 후 본(Bonn), 에어랑겐(Erlangen), 프라이부르크 대학에서 근현대 독문학 교수를 역임했다. 1986년부터 2002년 정년퇴직할 때까지 뮌헨 대학에서 정교수로 재직했다.

1979년부터 1991년까지 DFG[Deutsche Forschungsgemeinschaft, 독일연구협회] 독문학 위원회의 회원 및 회장으로 활동했다. 처음부터 카프카 비평판(Kritische Kafka Ausgabe)의 공동 편자였으며 독일고전출판사(Deutscher Klassiker Verlag) 판 『빌헬름 마이스터의 편력시대』(괴테)를 담당했다. 뮌헨에서 이나 샤베르트(Ina Schabert)와 함께 최초의 대학원 협동과정(Graduiertenkolleg)인 '성차(性差 / Geschlechterdifferenz)와 문학'을 개설했다. 특수 연구 분야인 '연극성(Theatralität)'과 관련해 연구자 모임 '연극성과 문예학'을 이끌었다. 하버드와 존스 홉킨스 대학의 초빙 교수 그리고 옥스포드 대학의 펠로(Fellow)를 역임했으며, 2010년에는 빈의 IFK[Internationales Forschungszentrum Kulturwissenschaften, 국제문화학연구센터]에 펠로로 초청받았다. 1993년부터 바이에른 학문 아카데미(Bayerische Akademie der Wissenschaften)의 회원이다. 2008년부터 베를린에서 살고 있으며, 2005년 베를린 자유 대학의 명예 교수로 임명되었다.

대표적인 카프카 해석자로서만이 아니라, 괴테와 리히텐베르크(Georg Christoph Lichtenberg), 시학과 방법론에 관한 많은 연구 성과를 남겼다.

[주요 저서]

Konfiguration. Studien zu Goethes „Torquato Tasso". München 1965. (Zur Erkenntnis der Dichtung 1)

Ideenparadiese. Untersuchungen zur Aphoristik von Lichtenberg, Novalis, Friedrich Schlegel und Goethe. München 1976.

Franz Kafka. Das Urteil. Text, Materialien, Kommentar. München-Wien 1981. (Hanser Literatur-Kommentare 16)

Franz Kafka – Experte der Macht. Hanser, München 2012.[본서(원서) 출간 이후 나온 카프카 관련 저서]

Gerhard Neumann, Wolf Kittler (Hg.): Franz Kafka. Schriftverkehr. Freiburg im Breisgau 1990. (Rombach Wissenschaft. Reihe Litterae)

Alois Wierlacher, Gerhard Neumann, Hans J. Teuteberg (Hg.): Kulturthema Essen. Ansichten und Problemfelder. Berlin 1993.

Gerhard Neumann (Hg.): Heinrich von Kleist. Kriegsfall—Rechtsfall—Sündenfall. Freiburg im Breisgau 1994.

Gerhard Neumann (Hg.): Canetti als Leser. Freiburg im Breisgau 1996.

Gerhard Neumann (Hg.): Poststrukturalismus. Herausforderung an die Literaturwissenschaft. Stuttgart-Weimar 1997.

Mathias Mayer, Gerhard Neumann (Hg.): Pygmalion. Die Belebung des Mythos in der abendländischen Literatur. Freiburg im Breisgau 1997.

Gerhard Neumann, Günter Schnitzler (Hg.): Harry Graf Kessler. Ein Wegbereiter der Moderne. Freiburg im Breisgau 1997.

Andreas Kablitz, Gerhard Neumann (Hg.): Mimesis und Simulation. Freiburg im Breisgau 1998.

Gerhard Neumann, Sigrid Weigel (Hg.): Lesbarkeit der Kultur. Literaturwissenschaften zwischen Kulturtechnik und Ethnographie. München 2000. 4. Auflage 2009.

Gerhard Neumann, Caroline Pross, Gerald Wildgruber (Hg.): Szenographien. Theatralität als Kategorie der Literaturwissenschaft. Freiburg im Breisgau 2000.

Heinrich Meier, Gerhard Neumann (Hg.): Über die Liebe. Ein Symposion. München 2000. 4. Auflage 2009.

Gerhard Neumann, Rainer Warning (Hg.): Transgressionen. Literatur als Ethnographie. Freiburg im Breisgau 2003.

Gerhard Neumann (Hg.): »Hoffmaneske Geschichte«. Zu einer Literaturwissenschaft als Kulturwissenschaft. Würzburg 2005.

[카프카 관련 비평]

Umkehrung und Ablenkung: Franz Kafkas »gleitendes Paradox«. DVjs 42 (1968), S. 702-744.

Der verschleppte Prozeß. Literarisches Schaffen zwischen Schreibstrom und Werkidol. Poetika 14 (1982), Heft 1-2, S. 92-112.

Schrift und Druck. Erwägungen zur Edition von Kafkas Landarzt-Band. ZfdPh 101 (1982), S. 15-139 (Sonderheft »Probleme neugermanistischer Edition«).

Hungerkünstler und Menschenfresser. Zum Verhältnis von Kunst und kulturellem Ritual im Werk Franz Kafkas. Archiv für Kulturgeschichte Bd. 66 (1984), Heft 2, S. 347-388.

»Nachrichten vom ›Pontus‹«. Das Problem der Kunst im Werk Franz Kafkas, in: Franz Kafka Symposium 1983. Akademie der Wissenschaften und der Literatur zu Mainz. Hg. von Wilhelm Emrich und Bernd Goldmann. Mainz 1985, S. 101-157.

Ritual und Theater. Franz Kafkas Bildungsroman »Der Verschollene«. in: Philippe Wellnitz (Hg.): Franz Kafka. Der Verschollene. Le Disparu/L'Amérique – Écritures d'un nouveau monde? Strasbourg 1997, S. 51-78.

»Blinde Parabel« oder Bildungsroman? Zur Struktur von Franz Kafkas Proceß-Fragment. Jb. der dt. Schillergesellschaft XLI (1997), S. 399-427.

»Was hast Du mit dem Geschenk des Geschlechtes getan?« Franz Kafkas Tagebücher als Lebenswerk, in: Autobiographisches Schreiben und philosophische Selbstsorge. Hg. von Maria Moog-Grünewald. Heidelberg 2004, S.153-174.

Kafkas Verwandlungen, in: Aleida und Jan Assmann (Hg.): Verwandlungen. Archäologie der literarischen Kommunikation IX. München 2006, S. 245-266.

Überschreibung und Überzeichnung. Franz Kafkas Poetologie auf der Grenze zwischen Schrift und Bild, in: Friedrich Teja Bach, Wolfgang Pichler (Hg.): Öffnungen: Zur Theorie und Geschichte der Zeichnung. München 2009, S. 161-186.

옮긴이의 말

카프카에게로 가는 길

신동화

카프카에게로 가는 길

『실패한 시작과 열린 결말―프란츠 카프카의 시적 인류학』은 저명한 독문학자 게르하르트 노이만이 2009년 7월 2일 독일 뮌헨의 지멘스 재단에서 한 강연을 책으로 엮은 것이다. 이미 80세 문턱을 지난 노학자 노이만은 독보적인 카프카 전문가 중 한 사람이다. 50년에 가까운 세월 동안 카프카 연구에 매진해 왔으며 카프카 연구의 표준이라 할 수 있는 카프카 비평판(Kritische Kafka Ausgabe)의 공동 편자이기도 하다. 최근까지도 여러 저서를 출간하며 왕성한 활동으로 노익장을 과시하고 있다. 여기 이 책은 대학자의 오랜 기간에 걸친 연구 성과를 핵심만 집어 압축해 놓은, 일반 독자를 위한 고급 교양서라 할 수 있다.

    카프카 문학의 가치를 처음으로 알아본 사람 중 하나인 벤야민은 "카프카가 자신의 실패를 강조하며 보인 열성보다 더한 열성은 상상할 수 없"다고 했다. 저자는 카프카 문학을 실패자의 텍스트로 본 벤야민의 테제에서 출발해 카프카의 문학 세계를 조망한다. 카프카의 실패는 이중으로 나타난다. 우선 작품 속 등장인물이 겪는 실패가 있다. 카프카가 그리는 인물들은 삶의 위기에 직면하고 이를 헤쳐 나가려 하지만 대부분 성공하지 못한다. 『소송』의 요제프 K, 『성』의 K, 「법 앞에서」의 시골 남자는 실패의 전형을 보여 준다. 다른 한쪽에는 삶을 표현하는 문학 형식의 실패가 있다. 이는 작가로서 카프카의 개인적 실패와도 연관된다. 카프카는 귀스타브 플로베르 같은 고전 작가의 본을 따라 시작부터 끝까지 유기적이고 완결적인 발전 구조를 갖춘 모범적, 전통적 교양소설(Bildungsroman)을 쓰려 하지만 계속 좌절을 맛본다. 소설을 시작하다 막히고 시작하다 막히는 일이 반복되고 『성』, 『실종자』 같은 장편은 끝내 미완성 단편(斷片)으로 남는다.

    그렇다면 카프카에게 왜 이토록 실패가 두드러지는 것일까? 저자는 실패의 배경을 인류학적, 문화적 차원에서 분석한다. 계몽주의 철학자 칸트는 인류가 "보다 나쁜 쪽으로부터 보다 좋은 쪽으로 점차 발전해 나아간다"는 낙관적인 성공 시나리오를 제시했다. 성경의 종교적 원죄를 딛고 역사 속에서 전진하는 인간 주체의 서사를 철학으로 재구성한 것이다. 하지만 19세기와 20세기의 전환기를 거치며 그러한 선형적 성공 서사는 유효성을 잃는다. 과학기술의 발전, 다윈주의의 대두, 관료주의 시스템의 등장 등으로 사회, 문화 체계가 급변하고 확고한 삶의 방향잡이가 사라지고 주체가 분열되고 인간과 기계 또는 동물의 경계가 흐릿해진다. 한마디로 인간은 "충격"을 체험한다. 카프카는 한편으로는 작품 속 인물들을 통해 20세기 충격의 인류학을 써 내려간다. 다른 한편으로는 삶을 통합적으로 표현하는 전통적 교양소설을 완성하지 못하고 그 대신 단편산문 형식의 비유담(Parabel)으로 삶의 실패, 위기, 아포리아를 압축적으로 그려 낸다. 두 가지 필연적 실패, 즉 내용 면에서의 실패와 형식 면에서의 실패는 서로 긴밀히 결합하고 여기에 죄의 문제, 법의 문제, 서술할 수 없는 기원의 문제가 함께 얽히며 독특한 실패의 서사가 완성된다.

하지만 카프카는 오늘날 누구보다 '성공한' 작가로 평가받지 않는가? 실패의 작가인 카프카의 역설적 성공을 어떻게 설명할 수 있을까? 저자는 카프카의 성공의 핵심이 바로 실패 자체, 그리고 실패의 형상화에 있다고 평가한다. 카프카는 실패한 교양소설과 비유담으로 20세기 세계와 인류를 특징짓는 충격과 분열, 마찰을 표현함으로써, 인간의 삶을 전통적 방식으로 서술하는 것이 불가능해진 상황에 직면해 문학의 전통과 규범을 전복함으로써 현대 문학에 새로운 길을 제시했다. 불우했던 짧은 삶을 뒤로하고 모두의 상찬을 받는 작가로 역사에 이름을 길이 남겼다. 20세기 초 한 작가의 실패 이야기는 이렇듯 성공 이야기로 탈바꿈해 우리에게 되돌아온다. 성공보다는 실패의 서사가 익숙한 우리에게 카프카는 '성공한 실패'의 아이콘으로 등극했다.

이 책은 크게 전반부와 후반부로 나뉜다. 전반부가 칸트, 벤야민, 데리다 등의 사상을 토대로 인류학(Anthropologie), 이력(Lebenslauf), 경력(Karriere) 같은 개념을 활용해 카프카의 실패를 이론적으로 재구성한다면, 후반부는 「학술원에 드리는 보고」, 『실종자』, 『소송』, 「굴」 등 대표작을 사례로 삼아 보다 구체적이고 깊이 있는 분석을 보여 준다. 시간이 제한된 강연의 내용을 역시 짧은 책자로 정리한 데다 다양한 사상과 이론이 배경을 이루기에 페이지 하나하나, 챕터 하나하나의 밀도가 굉장히 높다. 카프카의 주요 작품을 두루 읽지 않은 독자라면 내용을 쫓아가며 완벽히 이해하기에 다소 어려움을 겪을지도 모르겠다. 그럼에도 옮긴이로서 이 책을 여러 차례 읽고 번역하는 동안 '카프카 작품을 다시 읽어야겠다'고 느꼈다는 점을 언급하고 싶다. 저자의 논리와 설명을 따라가다 보면, 군데군데 인용된 작품 부분을 읽다 보면, 카프카에 대한 흥미가 자연히 새롭게 솟았다. 평론이 되었든 해설이 되었든 논문이 되었든 어떤 작가, 작품, 더 나아가 문학을 이야기하는 글의 가장 큰 미덕은 독자로 하여금 그 글에서 다루는 작품을 읽고 싶어지게 하는 것이라 생각한다. 이러한 관점에서 본다면 이 책은 충분한 미덕을 갖췄다. 카프카에 갓 입문한 독자라면 카프카 문학에 보다 흥미를 가지고, 카프카를 이미 여러 번 읽은 독자라면 카프카 문학을 더욱 곱씹고 새롭게 읽을 수 있는 기회를 이 책이 제공하기를 바란다. 부디 이 책을 읽은 독자들의 손길이 곧이어 카프카의 작품에 가닿기를. 아울러 좋은 책을 번역할 기회를 준 에디투스 출판사, 그리고 출간 및 번역 과정에서 도움을 준 여러 분에게 감사의 인사를 전한다.

신동화

벤야민의 카프카:
카프카의 실패에 관하여

조효원

벤야민의 카프카: 카프카의 실패에 관하여

위조화폐는 어디에 도착했는가?

보들레르는 우리에게 다음과 같은 이야기를 들려준다.

　　우리가 담배 가게로부터 멀어져가고 있는 동안 나의 친구
는 그의 화폐를 조심스럽게 정리하고 있었다. 그의 조끼 왼
쪽 주머니에는 작은 금화들을 집어넣고 오른쪽에는 작은 은
화들, 바지 왼쪽 주머니에는 한줌의 잔돈들을, 오른쪽에는 이
프랑짜리 은화 한 닢을 넣었다. 그런데 그는 이 이 프랑짜리
은화를 각별히 검토하는 것이었다.
　　'독특하고 꼼꼼한 분류로군'하고 나는 생각했다.

우리는 한 거지와 만났다. 그는 우리에게 그의 모자를 손을 떨며 내밀었다. 나는 이 거지의 애원하는 눈의 말없는 웅변보다 더 불안한 것을 보지 못했다. 그것을 읽을 능력이 있는 민감한 사람에게는 무한한 겸허와 동시에 무한한 비난을 내포하고 있었다. 나는 그곳에서 채찍에 맞은 개들의 눈물 젖은 눈 속에서 발견되는 이 같은 복잡 미묘한 감정의 깊이와 유사한 어떤 것을 발견했다.

내 친구의 동냥은 나의 것보다 훨씬 많았다. 그래서 나는 그에게 "당신이 옳소. 왜냐면 경이감에 사로잡히는 쾌락 다음으로 꼽을 수 있는 쾌락 중에 상대에게 놀람을 야기하는 데서 얻는 쾌감보다 더 큰 쾌감은 없는 법이오"라고 말했다.

"그것은 가짜 화폐였소"하고 그는 마치 자신의 낭비벽을 정당화시키려는 듯 조용히 나에게 대답했다.*

적선(積善)이라는 행위는 일반적으로 '동정'이나 '연민' 따위의 감정과 연결된다. 그러나 이 기이하고 미묘한 이야기를 읽고 "왜 위조지폐인가?"라는 물음을 떠올리기 전에 그보다 먼저 궁금해지는 것은, 이 행위가 어째서 '상대에게 놀람

---

* 샤를 보들레르,『파리의 우울』(윤영애 옮김, 민음사, 2003), 148쪽.

을 야기하는 데서 쾌감을 얻는 행위'로 정의되고 있는가 하는 점이다. 친구의 기묘한 적선 행위와 이로 인해 야기될 여러 가지 결과들의 경우의 수를 떠올려보며 궁리하고 있는 화자에게 친구는 다음과 같은 대답을 내놓는다. "네, 당신이 옳아요. 그가 기대하고 있는 것보다 더 많은 것을 그에게 줌으로 해서 그를 놀라게 하는 것보다 더 감미로운 쾌락은 없지요."* 아마도 이러한 추측이 가능하리라. 즉 '나'의 친구는 '내'가 했던 적선 금액보다 훨씬 많은 액수를 거지에게 주었으므로, 이를 본 거지는 놀라워했음에 틀림없을 것이라고. 그러나 이러한 추측은 단순함의 미덕 이상의 것을 갖지는 못한다. 왜냐하면 친구의 '놀라운' 적선 금액에 누구보다 놀란 사람은 거지가 아니라 바로 '나'였으니 말이다. 거지의 반응은 무시 / 생략되고 있다. 오히려 친구의 대답을 들은 '내'가 경악하고 있는 것이다. "나는 그의 말에 그의 눈의 흰자위를 바라보았다. 그리고 나는 그의 눈이 무한한 순진함으로 빛나고 있는 것을 발견하고 경악을 금할 수 없었다."** 그렇다면 이제 본디 궁금했던 질문, 즉 "왜 위조화폐인가?"라는 물음

---

*   같은 책. 149쪽.

**   같은 곳.

은 "위조화폐는 어디에 도착했는가?"라는 물음으로 대체되어야 한다. 친구가 놀라움을 선사하고자 했던 대상이 '나'라고 본다면, "위조화폐는 어디로 이동했는가?"에 대한 대답이 사태에 관한 해석에서 결정적인 관건이 되기 때문이다.*

이러한 기이한 역전 현상은 어떻게 가능한 것일까? 그것은 아마도 '읽을 능력이 있는 민감한 사람에게만' 가능할 텐데, 이 민감한 능력은 우선 적선과 동정 / 연민 간의 '연결'을 끊어내는 '분절(articulation)의 능력'으로 정의될 수 있을 것이다. 이 민감한 능력은 그러나 무엇보다 '숨기는 능력'이다. 어째서 그러한가? 이에 대한 확실한 증거는 바로 다음과 같은 사실이다. 즉 '나'의 친구가 놀람(경악)을 야기하기 위해─기쁨을 얻기 위해─사용한 방법이 다름 아닌 (무언가를 은닉하는 형태의) '범죄'였기 때문이다. 그러나 이 범죄가 어떤 종류의 것이냐 하는 물음을 던져보면, 사태는 훨씬 더 복잡해진다. 친구는 범죄가 아닌 것을 범죄라고 거짓말 했을 수도 있기 때문이다. 다시 말해, 범죄자로서의 친구의 정체성은

---

* 친구의 눈빛에 경악을 금치 못하던 '나'는 다시 친구의 위조화폐 적선 행위에 대해서 나름의 분석을 시도하지만, 이 분석은 친구의 눈이 선사하는 경악감에 비하면 사소하고 다소 진부하기까지 하다.

두 가지로 해석이 가능하다. 위조화폐범이거나 거짓말쟁이이거나. 이 물음은 '나'의 이상한 행위와 맞물려 궁금증을 더욱 증폭시킨다. '나'의 이상한 행위란 바로 친구의 '눈의 흰자위'를 바라보는 것이다. 어째서 눈동자가 아니라 흰자위일까? 우리는 보통 타인의 눈동자를 통해 그의 마음을 읽을 수 있다고 믿지 않는가? 이상한 점은 여기서 그치지 않는다. 심지어 '나'는 친구의 눈의 흰자위에서 '무한한 순진함'을 발견하기까지 한다. 그러므로 우리는 다시 다음과 같은 암흑의 미궁에 빠지게 된다. 친구의 거짓말 / 범죄는 정말로 '나'를 놀라고 경악하게 만든 것일까? 더 정확히 말해 '나'는 친구의 어떤 행위 놀란 것일까? 아니 '나'는 정말로 놀라기는 한 것일까? 이 모든 의혹이 복잡하게 뒤엉킨 실타래를 우리는 어떻게 풀 수 있을까?* 범죄로서의 문학을 창조한 장본인인 보들레르는 이토록 짧은 이야기를 통해 무한한 경악과 무한한 과제를 동시에 독자들에게 던져주고 있는 셈이다.

보들레르가 우리에게 준 무한한 경악과 과제를 손쉽게 처리하는 방법이 있다. 그가 지어낸 짧은 이야기보다 훨씬 더

---

*　친구의 '독특하고 꼼꼼한 분류'도 해석의 어려움을 배가시키는 한 요소다.

짧고 단순한 개념으로 그것을 정리해 버리는 길이 그것이다. 이를테면 "보들레르는 『위조화폐』를 통해 조르조 아감벤보다 백 년 이상 앞서서 '비식별역'의 개념을 문학적으로 선취하고 있다"식으로 말이다. 많은 훌륭한 개념들이 그렇듯이 비식별역(非識別域 / indistinction) 또한 애매하지만 뭔가 비슷한 것들을 모두 뭉뚱그리는 표현으로 오용될 위험을 크게 내포하고 있다. 따라서 중요한 것은 비식별역이 출현하는 장소와 순간을 포착하는 민감한 감각과 안목이지, "이것이 비식별역이다"라는 식의 이름 붙이기 놀이가 아니다. 이 글이 포착하려는 시공간은 보들레르의 '우울(spleen)'이 카프카의 '절망(Verzweiflung)'으로 변모되는 장면이다. 이것을 비식별역의 출현 장소라고 부를 수 있을지 어떨지는 알 수 없다. 그러나 이들의 문학적 사투가 어떤 거대한 힘을 상대로 한 것이었냐는 물음에 대해서는 확실히 "그렇다"고 대답할 수 있다. 이들의 싸움이란 실상 범죄와 다름없다! 19세기 '모더니티의 수도 파리'(데이비드 하비)에 살았던 "보들레르에게 미래는 터부"였고 그의 "우울은 항시적 파국"이었다.* 20세기 초 유럽의 변방이자 언어(독일어)의 고립된 섬 프라하에 살

---

* *Gesammelte Schriften*(발터 벤야민 전집) I (hrsg. Rolf Tiedemann / Hermann Schweppenhäuser, Frankfurt a. M.: Suhrkamp, 1991) 657,660쪽.

왔던 카프카에게 세계는 "신의 언짢은 기분, 기분이 나쁜 날일 따름"이었다.* 그러나 우울이 절망으로 바뀐다는 것은 무엇을 뜻하는가? 이는 범죄의 기술이 한층 더 진일보했음을 뜻한다.

카프카의 세계

관방官房

시끄럽고 어지러운 도시와 군중의 세계가 보들레르의 세계였다면, 카프카의 세계는 "곰팡내가 나는 낡고 어두운 관방의 세계, 관료들과 서류함의 세계"이다.** 이에 대한 가장 분명한 상징은 카프카 소설의 주인공이 대부분 완전한 이름이 아닌 이니셜로 등장한다는 사실이다. 이니셜은 관료들이 서류를 분류하고 정리하기 위해서 존재하는 '비(非)-이름'인 것이다. 그러나 주목해야 할 것은 이니셜을 기입하고 소

---

* 발터 벤야민, 『발터 벤야민의 문예이론』(반성완 편역, 민음사, 1998) 68쪽에서 재인용.

** 같은 책, 63쪽.

송에 휘말리게 만드는 관료세계가 어떤 고정된 장소도 갖지 않는다는 사실이다. 예컨대 결코 입장이 허락되지 않는 성(城)이나 부지불식간에 요제프 K의 재판장으로 변해버리는 뷔르스트너 양의 방이 그러하다. 그리고 부유하는 관방은 또한 불결한 공간이기도 하다. 가령 『성(Das Schloss)』(1926)에서 K가 도착한 "마을의 공기 속에는 완성되지 않은 것들과 너무 익어버린 것들이 뒤섞여 고약한 냄새를 풍기고 있다."* 고정된 장소 없이 불쑥불쑥 생겨나는 관료들의 방과 마을에서는 심한 곰팡내가 난다. 이러한 곰팡내 때문에 "K는 줄곧 자신이 길을 잃고 헤매거나 멀리 떨어진 낯선 곳에 와 있다는 느낌이 들었다. 그는 마치 자기 앞에는 어떤 사람도 와보지 않은 타향, 공기조차도 고향에서와는 전혀 다른 성분을 지니고 있으며 낯선 나머지 질식할 것만 같은 타향, 그렇지만 어처구니없는 유혹에 휘말려 계속 걸음을 옮길 수밖에 없고 계속 길을 잃고 헤맬 도리밖에 없는 그러한 타향에 와 있는 느낌이었다."** 카프카의 일기에는 이러한 '타향에 와 있는 느낌'에 대한 기록이 있다.

---

*   같은 책, 80쪽

**   같은 책, 67쪽에서 재인용.

왜냐하면 지금 나는 이미 다른 세계의 시민이기 때문이다. 이 또 다른 세계와 일상의 세계와의 관계는 사막과 경작된 땅과의 관계와 같다(사십 년 동안 나는 가나안 땅 밖에서 헤매었다). 또한 내가 과거를 돌아다본다 해도, 그것은 벌써 이방인의 시선이다. 물론 이 또 다른 세상에서도 나는 가장 작고 불안한 자이다(나는 이것을 나와 함께 이곳으로 가지고 왔다. 그것은 아버지로부터의 유산이다).*

모리스 블랑쇼(Maurice Blanchot)는 카프카의 추방 혹은 고독에 대하여 "현실적 삶은 이미 그에게서 박탈되었거나 어쩌면 그에게는 한 번도 주어진 적이 없었다"고 말하고 있다.** 카프카의 주인공이 이름을 박탈당한 채 소설에 등장한다는 사실을 상기하자. 이름이 없다는 것, 그것은 그가 아직 태어나지 않았음을 뜻하는 것이 아닌가? "자기는 아직 태어나지 않았으므로 현실에서 제외되었다고 느끼며, 한 번도 그 현실 속에 머무른 적이 없다 하더라도, 마치 그 경계선에 짓눌린 것처럼 달라붙어 현실 쪽으로 향하고 있어도 안 된다는

---

* 프란츠 카프카의 1922년 1월 18일 일기; Franz Kafka, *Tagebuche*r(hrsg. Max Brod, Hamburg: Fischer, 1983), 414쪽

** 모리스 블랑쇼, 『문학의 공간』(박혜영 옮김, 책세상, 1990) 100쪽.

것을 카프카는 보게 된 것이다."* 왜 그는 태어나지 못한 채 세상에 나오게 된 것일까? 그것은 원죄 때문이다. "아버지가 아들에게 문책하는 …… 일종의 원죄."** 카프카가 내던져져 있는 세계, 음험하고 퀴퀴한 냄새를 풍기는 관료들의 세계는 다름 아닌 아버지(들)의 세계이다. "많은 부분이 관리들의 세계와 부친들의 세계가 카프카에게는 동일한 세계라는 점을 암시해 주고 있다. 그들의 유사성은 명예로운 것이 못된다. 둔감, 타락, 더러움이 이 유사성의 내용이다. 부친의 제복은 온통 얼룩투성이다. 그의 내의는 더럽다. 더러움은 관리들의 생활의 일부이다."*** 관료들의 세계를 지배하는 원리는 아버지의 법이다. 그리고 이 법은 아들에게 '원죄'를 판결한다. 아버지의 판결문을 들어보자.

  아버지는 더 크게 소리쳤다. "이제 너도 알겠지, 너 이외에 무엇이 있었는지를. 지금까지 넌 너 자신밖엔 알지 못했지. 넌 근본이 죄 없는 어린아이였지만, 더 근본적으로는 악마 같은 인간이었던 거야! 그러니 들어라. 나는 너를 익사형

* 　『발터 벤야민의 문예이론』, 103쪽.

** 　같은 책, 65쪽

*** 　같은 책, 103쪽

에 처하는 바이다!"*

이 말을 들은 아들 게오르크는 곧장 방을 뛰쳐나와 강으로 달려가 물속으로 몸을 던진다. 주인공이 원죄를 지닌 존재, 그리하여 이름 없이 세상에 던져짐과 동시에 곧장 추방령을 받은 존재라는 사실은 소설의 시점 형식과 상응한다. "카프카에게서 화자 자아의 이야기는 주인공 자아보다는 다른 등장인물의 시점을 분명히 밝혀주고, 독자로 하여금 상황을 자아가 아닌 타자의 시점에서 바라보도록 유도한다."** 그리고 "시점이 급격히 변화한다는 것은, 주인공이 자기의 본래 시점을 포기하고 새로운 시점으로 이행하게 만드는 계기가 텍스트의 표면에 나타나 있지 않다는 것, 최초의 시점에서 새 시점으로의 이행이 아무런 근거도 없이 일어난다는 것을 뜻한다."*** 시점의 혼란과 근거 없는 이동, 이는 소설 내적으로 보면 아버지가 우스꽝스러운 내의(주머니 달린 내의)를 입고 이해할 수 없는 행동(침대 위에서 벌떡 일어나 이불을

---

* 프란츠 카프카, 『변신, 단편 전집-전집1』(이주동 옮김, 솔, 2007), 64쪽. 번역은 수정했다.

** 김태환, 『모더니즘 문학과 소설시점의 이론』, 서울대학교 박사학위논문, 1996, 81쪽

*** 같은 글, 98쪽.

걷어차는 행동)을 하면서 아들에게 판결을 내리는 것에 해당한다. 시점의 혼동은 독자를 이해(Verstehen)로부터 추방하고, 근거 없는 판결은 아들을 바깥으로 내몬다.* 아버지의 법에 의해 익사하는 아들의 존재, 태어나지 못한 채 내던져져 있게 되었고, 이 세계로부터도 다시 추방당하는 카프카의 인물들은 보들레르에게는 도시를 배회하던 존재들, 배회자들이었다. 이곳도 저곳도 아닌 문턱의 세계가 이들 추방당한 배회자들의 세계이다. "배회자는 아직 대도시의, 또한 시민계급의 문턱 위에 있다. 그는 어느 쪽에도 아직 완전히 속하지 않았다. 그 어느 쪽에도 그는 안주할 수 없다."**

눆

---

* 카프카의 작품들은 일관된 요약이나 해석을 불가능하게 만드는 갖가지 방해장치들로 겹겹이 쌓여 있다. 이는 역설적으로 그의 '실패'와 직접적으로 관련되는데, 카프카는 자신이 겪은 실패의 어려움 / 필요성을 독자들이 체험하게끔 하기 위해 "작품 해석에 방해가 되는, 생각해낼 수 있는 모든 예비조치를 강구하였다."(『발터 벤야민의 문예이론』, 77쪽) 벤야민은 또한 이렇게 추측하기도 한다. "매일 매일의 삶이 가져다주는 풀기 어려운 행동방식과 해명하기 힘든 발언 앞에 서 있었던 카프카는 어쩌면 죽음을 통하여 적어도 자신의 동시대인들도 그와 동일한 어려움을 맛보도록 하고 싶었는지도 모른다."(같은 곳.)

** 김항, 「댄디와 주권」, 『현대비평과 이론』 23호, 105쪽에서 언급된 노무라 오사무의 『벤야민의 생애』(헤이본사, 1977)에서 재인용.

얼룩투성이의 제복을 입은 아버지 / 관료는 어떤 존재인가? 그들은 판결 / 형벌을 내리는 자일 뿐 아니라 그보다 더 본질적으로 "이미 전락해 버렸거나 아니면 전락하고 있는 자"이다.* 이들이 전락하는 이유는 '지구와 같은 무게를 갖고 있는 일상적인 것'들을 떠받치고 있기 때문이다. 이 무게 때문에 그들은 "'사람들이 좀처럼 그의 눈을 들여다보지 못하도록 그들의 머리를 가슴 속 깊숙이 파묻고' 있는 것"이다.** 짓누르는 무게에 파묻힌 그들의 머리는 여러 변이형을 가진다. 그중 하나가 늪지대에 살고 있는 생물의 형상을 하고 있는 여인, 즉『소송』에 등장하는 레니이다. "그녀가 자랑하는 손은 귀여운 며느리발톱 모양이다. 왜냐하면 가운뎃손가락과 집게손가락을 연결하는 피막이 짧은 손가락의 맨 위 마디까지 덮고 있기 때문이다."*** 여자들의 등장에 의해 관방 세계는 늪지대로 변모한다. 늪의 세계는 현기증을 유발한다. 다시 말해 그곳에서의 경험은 언제나 '흔들리는 경험'이다. 카프카는 말한다. "나는 경험을 갖고 있다. 그리고 그 경험이 내가 탄탄한 육지에서 뱃멀미를 느낀 경험이라고 말할 때에

---

* 『발터 벤야민의 문예이론』, 63쪽

** 같은 책, 64쪽

*** 빌헬름 엠리히,『카프카를 읽다2』(편영수 옮김, 유로서적, 2005), 89쪽

도 그것은 농담으로 그러는 게 아니다."* 카프카의 이러한 진술은 그의 단편에서 형상화되고 있는데, 가령 「돌연한 출발」에서 말을 타고 떠나려는 주인과 하인이 나누는 다음과 같은 대화를 보자.

> 문에서 그는 나를 붙잡고 물었다. "어디로 가십니까? 주인님?" "나는 모른다"라고 말했다. "그저 이곳으로부터 떠나는 것이다. 이곳을 떠날 뿐이다. 언제나 이곳으로부터 떠나야 한다. 그렇게 해야만 나는 내 목표에 도달할 수 있다." "그렇다면 목표를 아시는 셈이군요?"하고 그는 물었다. "그렇지"하고 나는 대답했다. "내가 말하지 않더냐. 이곳을 떠나는 것. 그것이 나의 목표라고." "양식도 가지지 않고 가신단 말입니까?"하고 그는 말했다. "아무것도 필요치 않다"고 나는 말했다. "너무나 멀고 먼 여행길이다. 그러니 길에서 먹을 것을 구하지 못한다면 난 굶어죽고 말 것이다. 내가 양식을 준비해 가더라도 아무 소용이 없다. 천만다행으로 엄청난 여행이다."**

* 『발터 벤야민의 문예이론』, 85쪽에서 재인용.

** 『변신, 단편 전집-전집1』, 608쪽. 번역은 수정했다.

언제나 이곳을 떠나야만 목표를 이룰 수 있다. 그리고 떠나는 것 자체가 그의 목표다. 그래서 "천만다행으로 엄청난 여행"이다. 그러니까 말하자면 그는 제자리걸음을 하면서 흔들리고 있다. 그런데 가만히 생각해 보면, 제자리걸음은 늪속에서 허우적대는 행위와 유사하다. 허우적댈수록 빠져들고, 제자리걸음을 할수록 흔들린다. 이러한 제스처 때문에 늪은 육지가 되고, 따라서 카프카가 육지에서 뱃멀미를 느꼈다는 것은 은유도 거짓말도 아닌 사실 진술이 된다. 이러한 늪-육지가 가지는 힘은 가공할 만한 것이다. 벤야민은 이 힘을 '전세적(前世的 / vorweltlich) 힘'이라 명명하면서, 이 힘을 이해하는 관건이 카프카 작품의 모티브들이라고 보았다. "이들 전세적 힘들은 물론 오늘날 우리 시대의 세속적인 힘들로 보아도 무방할 것이다. …… 그는 단지 전세(Vorwelt)가 죄라는 형태로 그에게 내미는 거울 속에서만 재판의 형태로 나타나는 미래를 보았을 뿐이다."* 이와 같은 세속적인 힘들이 출현하는 양태가 바로 아버지-관료-법정 권력이다. 카프카가 흔들리지 않을 수 없었던 까닭은 바로 여기에 있다. 세상에 내던져진 후 처음 맞닥뜨린 존재가 '죄'를 부여하는 법정 관

* 『발터 벤야민의 문예이론』, 82-83쪽.

료로서의 아버지였기 때문이다.

극장

  '흔들리는 경험', 즉 전세적 힘들이 부여하는 죄의 무게 속에서 허우적댈 수밖에 없는 늪지대는 어떻게 그려지고 있는가? 그것은 제스처를 통해서이다. "카프카는 사물을 항상 제스처라는 형식을 통해서만 파악할 수 있었다. 그리고 그가 이해하지 못했던 이러한 제스처가 우화들의 모호한 부분을 이루고 있다. 카프카의 작품은 그러한 제스처로부터 나오고 있다."* 흔들리는 경험에 의해 생성되는 형상들은 기형(畸形)들인데, 이 "기형들은 분명 우리 시대의 기형들이다."** 이 기형들을 일그러진 제스처로부터 구원해낼 방법은 없는가? 그러나 구원에 대하여, 구원의 가능성에 대하여 직답하는 것은 오히려 그 가능성을 소진시키는 행위와 다름없다. "방황하는 가운데 조바심을 내는 것은 본질적인 과오이다. 왜냐하면

*   같은 책, 83쪽

**   같은 책, 91쪽.

조바심은 방황의 진실 자체를 알지 못하기 때문이다. 이 방황의 진실이 법령처럼 강요하는 것, 그것은 목표가 가깝거나 그 목표에 가까이 다가간다는 생각을 절대 하지 말아야 한다는 것이기 때문이다."* 그리고 "지상의 구원이란 성취될 것을 요청하는 것이지 그것이 가능한지 질문을 던지거나 그 형상을 그려 보여주기를 원하는 것이 아닌 것"이다.** 그렇다면 어떻게 해야 하는가? 우선 자발적으로 흔들려야 한다. 그러나 이 흔들림은 또한 '비장한'것이어야 한다. 다시 말해 흔들림의 밑바닥까지 이르러야 한다. "카프카는 비장하게 흔들린다. 때로 그는 '거대한 인력을 가진' 인간들 틈에 자신이 거주할 곳을 만들려고 모든 힘을 다하는 것 같이 보인다."*** 카프카는 약혼과 파혼을 두 번 반복했는데, 이 두 번의 반복은 그가 이 흔들림을 그 자체로 감당하기 위해 얼마나 큰 노력을 기울였는가를 보여주는 상징과도 같다. 그에게 결혼은 이 세계가 가지는 끔찍한 인력의 표본이었다. 결혼을 하게 되면 그는 아버지의 법이 지배하는 가족의 영역 속에 머무를 수밖에 없기 때문이다. 그러나 그는 "이 세상에서 가장 보잘것없

* 　모리스 블랑쇼, 같은 책, 107쪽.

** 　같은 책, 100쪽.

*** 　같은 책, 101쪽.

는 현실도, 가장 위대한 작품에 결핍되어 있는 견고함을 가지고 있"다는 사실을 알고 있었다.* "나는 문학 이외에 아무것도 아닙니다. 그 이외의 것은 될 수도 없고 되고 싶지도 않습니다"라고 말하던 청년 카프카는 말년에 이르러 "글을 쓴다는 사실에는 독립성이 결핍되어 있다. 불을 피우는 하녀, 난로 옆에서 몸을 녹이는 고양이, 또 심지어 자기 몸을 녹이는 이 불쌍한 늙은 남자에게까지 이 작업은 가닿는다. 모든 것은 스스로의 법칙 속에서 독자적으로 성취되어 간다. 단, 글 쓰는 작업만이 모든 도움으로부터 단절되어 있다. 오로지 글 쓰는 작업만이 자기 자신 속에 머무르지 않게 한다. 글을 쓴다는 것, 그것은 농담이자 절망이다"라고 말하게 된다.**

그러나 흔들림에 철저할 수 있는 것은 무엇을 통해서인가? 흔들림에 철저해진다는 것은 흔들림에 익숙해진다는 것과 어떻게 다른가? 이 물음은 중요하다. 그러나 그렇기 때문에 에움길을 통해서만 밝혀질 수 있는 물음이다. 인간이 불안한 것은 그가 자신의 육체 속에 유배되어 있기 때문이다.

* 　같은 책, 96쪽.

** 　프란츠 카프카의 1921년 12월 6일 일기; Franz Kafka, *Tagebucher*(hrsg, Max Brod, Hamburg: Fischer, 1983), 403쪽.

그의 육체는 타향이다. "그 육체는 현대인으로부터 벗어나 있고, 또 현대인에 대해 적대적이다."* 타향의 곰팡내 나는 공기 속에서 현대인은 불안을 느낀다. "불안이 상황을 망치지만 그 불안이야말로 그러한 상황에서 유일한 희망인 것이다. 그러나 가장 완전히 잊힌 낯선 곳이 우리 자신의 육체이기 때문에, 우리는 왜 카프카가 자신의 내부에서 터져 나오는 기침을 '동물'이라고 불렀던가를 이해할 수 있다."** 불안이 유일한 희망인 상황 속에서 흔들림에 철저해지는 것은 '무(無)에 아주 가까운 것', '도(道)에 가까운 것'을 통해서만 가능하다.

정확하기 이를 데 없는 기술로 정성 들여 책상 하나에 망치질을 하면서도 동시에 아무 일도 하고 싶지 않다는 소망으로 그 도를 추구하였다. 그것도 사람들이 "그에게 망치질은 아무것도 아니다"라고 말할 수도 있는 식이 아니라, "그에게 망치질은 정말 망치질인 동시에 무이기도 하다"라고 말하는 식으로 그렇게 하였다. 그렇게 되면 실로 그 망치질은 더 대담하고, 더 단호하며, 더 현실적인 것으로 되며, 그대가 바란

* 『발터 벤야민의 문예이론』, 80쪽.

** 같은 책, 87쪽

다면 더 정신 나간 짓이 될 수 있을지도 모른다.*

　　망치질이면서 무이기도 한 것을 달리 표현하면, '자기 자신을 연기하는 것'이라 할 수 있다. 배우가 무대 위에서 연기를 할 때 대사를 잊어버리거나 동작을 틀리는 것은 그것이 '다른 사람'의 역할을 맡아서 하는 것이기 때문이다. 그러나 자기 자신을 연기할 경우, 무엇을 잊거나 틀릴 수 있는가? 자기 자신을 연기하는 것은 정말이지 '연기'인 동시에 '무'인 것이다. 『실종자』(『아메리카』라는 제목으로 브로트에 의해 출간됨)에서 "오클라호마 극단의 단원들에게 있어서 그 역할은 그들보다 앞서 나간 생애"이다.** 흔들림에 철저해진다는 것은 바로 이를 두고 한 말이다. 서투른 연기는 연습과 반복을 통해 익숙한 연기로 바뀔 수 있다. 그러나 자기 자신을 연기하는 배우에게 그러한 방식은 오로지 '무'만을 낳는 것일 뿐 망치질은 될 수 없는 것이다, 혹은 그 역도 마찬가지(vice versa).

*　　프란츠 카프카의 1918년 2월 26일 일기; Franz Kafka, 같은 곳. 『발터 벤야민의 문예이론』 92-93쪽 참조.

**　　『발터 벤야민의 문예이론』, 93쪽.

완전범죄로서의 글쓰기

술책

    관료들의 방은 늪 위에서 어지러이 흔들리고 있다. 늪은 바다처럼 끝없이 펼쳐져 있고, 빠져나가기보다는 죽지 않기 위해서, 오직 흔들림으로써만 흔들림에 맞설 수밖에 없는 상황, 이것이 바로 카프카의 세계이다. 그러나 만약 이 세계, 관방과 늪의 세계가 무대 위에서 상연되고 있는 것이라면? 그렇다면 우리는 죽지 않기 위해 몸부림치는 것이 아니라 그저 '연기'를 하고 있을 뿐인 것이 된다. 근본적으로 "카프카의 세계는 세계라는 하나의 극장이다. 그에게 있어 인간은 태어날 때부터 무대 위에 서 있는 존재이다"* 그런데 어두운 관방-늪의 세계가 무대로 바뀌기 위해서는 모종의 '술책'이 필요하다. 술책이란 무엇인가? 그것이 어떤 것인지에 대해서는 카프카의 유명한 단편 「법 앞에서」가 잘 보여준다. 인간을

---

*   같은 책, 78쪽.

그의 육체 속으로 유폐시키는 법의 힘이 그것의 '열려 있음'에서 발원한다는 사실을 예리하게 간파했던 조르조 아감벤은 '시골 사람'의 지혜야말로 메시아를 예비하는 술책이라고 말한다. "…… 열려 있음, 그것이 바로 법의 침해할 수 없는 권능이자 법 특유의 '힘'이라면, 우리는 시골 사람의 모든 행동이 법의 효력을 정지시키기 위해 결국 문을 닫도록 만들려는 인내심 가득한 고도의 전략이었던 것은 아닌가 하고 생각해볼 수 있을 것이다."[*] 법의 문 안으로 들어가기 위해 평생을 기다렸던 '시골 사람'이 죽음을 맞이하는 순간 그의 생애의 모든 경험을 집약하여 묻는 단 한 가지 물음은 대단히 의미심장하다. "모든 사람들이 법을 절실히 바라는데, 어째서 나 이외에는 아무도 입장을 요구하지 않았는가?" 이 물음은 법의 궁극적 비밀을 건드린다. 문지기는 대답한다. "이곳에서는 너 이외에는 아무도 입장을 허락받을 수 없다. 이 문은 오직 너를 위해 예비된 것이므로." '인간이 그 자신의 육체 속에 유폐되어 있는 상태', 이것은 '법은 열려 있지만, 아니 열려 있기 때문에 입장할 수 없는 상황'과 동일한 사태이다. 어떤 인간이 다른 인간의 육체로 이동할 수 있겠는가? 설

---

[*]   조르조 아감벤, 『호모 사케르』(박진우 옮김, 새물결, 2008), 131쪽.

혹 그것이 가능하다 해도 그것은 또 다른 유폐일 뿐 결코 해방은 아닌 것이다. 구원의 가능성은 유폐를 멈춤으로써 도래하는 것이지, 유폐에서 다른 유폐로의 이동으로 열리는 것이 아니다. 그러니까 '시골 사람'은 평생 '스스로를 연기하는 술책'을 통하여 유폐를 멈추게 만들었다고 할 수 있다.

벤야민 또한 이와 유사한 해석을 제시한다. 카프카의 단편 「사이렌들」에서 사이렌들은 본래의 신화와는 달리 노래 대신 침묵을 택하고 있다. 그런데 주목할 것은 오디세우스 역시 신화에서와는 다르게 행동한다는 점이다. 신화의 오디세우스는 몸을 돛대에 묶고 사이렌들의 노래를 듣는다. 그러나 카프카의 오디세우스와 (귀를 틀어막은 오디세우스에게 노래로 유혹하는 대신) 침묵을 선택한 사이렌, 이는 술책 대 술책의 대결이다. 벤야민은 카프카의 다음과 같은 문장을 인용하며 오디세우스의 술책을 칭찬하고 있다. "불충분하고 심지어 유치한 수단들이라고 할지라도 구제에 도움이 될 수 있다."* "카프카가 전하고 있는 바에 의하면 오디세우스는 '꾀가 많고 여우처럼 교활하였기' 때문에 운명의 여신조차도 그의 내

---

* 『발터 벤야민의 문예이론』, 84쪽에서 재인용.

면 가장 깊숙한 곳을 파고들어갈 수가 없었다."* 그렇다면 이제 '흔들림에 철저해지는 것'과 '흔들림에 익숙해지는 것'을 구분할 수 있게 된 셈이다. 흔들림에 철저해지는 것은 법이 지배하는 늪의 세계를 무대로 전환시키는 연기, 즉 자기 자신을 연기하는 것이다. 이에 반해 흔들림에 익숙해지는 것이란, 유폐된 육체 속에서 끊임없이 다른 인간을 연기하는 것에 다름 아니다. 여기에는 아무런 구원의 희망이 없다. 법의 문을 닫지 않으면, 유폐는 영원히 지속될 뿐이기 때문이다. "개업하고 있지 않은 듯이 보이는" 변호사 부세팔루스는 이와 관련하여 흥미로운 모습을 보여준다. 그는 법을 실행하지 않고 다만 연구할 뿐이다. "…… 카프카적 의미에서 볼 때 단지 연구되기만 하고 더 이상 실행되지 않는 법, 바로 이 법이 정의로 나아가는 문이다."** 바로 이와 동일한 관점에서 아감벤 역시 다음과 같이 쓰고 있다.

하지만 법이 잠재적인 예외상태에서 순수한 형식으로서 여전히 유지되고 있는 한, 벌거벗은 생명(요제프 K의 삶, 또는 성 아래쪽 마을에서 살아가는 삶)은 법 앞에 여전히 존속된다.

* 　같은 책, 84쪽.

** 　같은 책, 95쪽.

반면 진정한 예외상황이 되면, 삶과 뒤섞여버린 법이, 그것의 대칭으로서 정반대 방향의 운동에 의해 완전히 법으로 탈바꿈한 삶과 대립한다. 해독 불가능해졌지만 삶으로서 모습을 드러내는 문자의 불분명함은 문자 속에 완전히 용해되어버린 삶의 절대적 명징함과 대립한다.[*]

완전범죄로서의 글쓰기

흔들림에 익숙해지는 것의 사례. 사적인 이익을 위해 법망을 피해가는 범죄. 이것은 법에 의한 유폐를 영속화시키는 데 기여한다. 다시 말해 그러한 범죄는 역설적으로 법의 완전범죄를 돕는 것이다. 법의 완전범죄는 언제나 그리고 바로 지금 진행 중에 있다. 술책을 모르는 이들의 눈에는 이 진행과정(소송)이 영원하고 운명적인 것, 심지어는 신적인 것으로까지 비칠지도 모른다. 그러나 상황은 이보다 더욱 심각하다. 그 까닭은 술책에 대해서 아는 자들 역시 그 술책을 부릴 줄 모른다는 데 있다. 말하자면 술책이 아니라 실책을 범

[*]　조르조 아감벤, 같은 책, 130쪽.

하는 것이다. 술책을 부린다는 것, 이는 곧 법에 대항해 완전
범죄를 기획하고 실행하는 것을 뜻한다. 누구보다도 카프카
가 이 사실을 가장 잘 이해했다. 즉 그는 다름 아닌 법 자체가
곧 완전범죄임을 간파했던 것이다. 이 점을 기억해야 한다.
이것은 곧 법의 세계가 무대 혹은 연극임을 사람들로 하여금
깨닫지 못하게 하는 신화적 폭력이 법 권력과 뿌리를 같이
하고 있음을 통찰한다는 뜻이다. 그러나 자기 자신을 연기한
다는 것, 유폐를 정지시키는 것, 법의 문을 닫는다는 것은 얼
마나 어려운 일인가? 반복하건대, 이것은 곧 법 전체를 상대
로 완전범죄를 기획한다는 것을 뜻한다. 위조화폐를 적선하
는 행위와 친구 눈의 흰자위에서 무한한 순진함을 읽어내는
행위는 바로 이러한 범죄의 원형적 모델에 해당한다. 그것은
연극에 몰입하면서도 그것이 연기임을 끊임없이 의식하는 것
이고, 동시에 연기를 삶으로 삶을 연기로 전환시키는 것이다.

　　이 범죄자들의 연기는 제 연기에 몰입한 나머지 깨어날
줄 모르는 자들의 연기와는 판연히 다르다. 겉으로는 아무리
유사해 보이더라도 이 차이는 절대적이다. 무대와 극장을 늪
의 세계로 함몰시켜 버리는 자들은 이미 제 발로 절망의 심
연 속으로 걸어 들어가 그곳에 머무르고 있음에도 불구하

고 우스꽝스럽게도 앞으로 다가올 미래의 절망을 두려워하는 자들이다(절망에 대한 그들의 예감은 종종 가장 찬란한 희망의 형상으로 나타나기도 한다). 이에 반해 자신이 "궁극적으로 좌절할 것이라는 점을 일단 확인"한 자들은 결국에 가서는 "도중의 모든 일은 꿈속에서처럼 그에게 이루어졌다"는 사실을 깨닫게 된다.* 이 행복한 확인은 문지기가 문을 닫으러 가는 것을 바라보며 죽어가는 시골 사람의 확인과 같은 종류의 것이다. 이들의 행위는 "폭력으로써 세계를 변경시키려고 하지 않고, 다만 세계를 조금 바로잡게 될 그런 메시아가 오면" 완성될 완전범죄 행위다.** 카프카는 자신의 글쓰기를 통해 이러한 완전범죄를 기획했다. 그리고 바로 이 점에서 그는 보들레르를 계승하는 작가라고 말할 수 있다. "작품은 작품의 기원인 지점에 닿기만 해도 심연 속에 빠지는" 실패인 줄을 알면서도 그는 이러한 기획을 끊임없이 재개 / 재시작했던 것이다.*** 자신의 작품, 자신의 글쓰기가 실패임을 거듭 고백하는 그의 행위는 실로 법을 상대로 한 완전범죄의 가장 멋진 술책이 아닐까? 이를 알아차린 듯 벤야민 또한 바로 그

---

* 『발터 벤야민의 문예이론』, 101쪽.

** 같은 책, 89쪽.

*** 모리스 블랑쇼, 같은 책, 110쪽.

러한 술책으로서의 카프카의 실패에 최고의 찬사를 바치고 있다. "카프카가 자신의 실패를 강조했던 그 열정보다 더 기억할 만한 것을 없을 걸세……"*

* 『발터 벤야민의 문예이론』, 101쪽.

프란츠 카프카 연보

한 좌절한 자의 삶과 문학적 투쟁의 이력서*

그가 말했다.

"우리가 사는 세계는 신의 언짢은 기분,

기분이 나쁜 날일 따름이야."

"그렇다면 우리가 알고 있는 세계인 이러한 현상계 외부에는

희망이 존재하고 있을까?"

그는 미소를 지었다.

"암, 희망은 충분히, 무한히 많이 있지. 다만,

우리를 위한 희망이 아닐 뿐이지."

—프란츠 카프카와 막스 브로트의 대화 중에서

* 이 카프카 연보는 클라우스 바겐바하(Klaus Wagenbach)의 『카프카—프라하의 이방인』(전영애 옮김, 한길사, 2005), 『카프카 평전—실존과 구원의 글쓰기』(이주동 지음, 소나무, 2012)를 포함하여 여러 관련 텍스트들을 참조로 하여 작성한 것이다. 제사로 쓴 카프카와 브로트의 대화 한 대목은 『발터 벤야민의 문예이론』(반성완 편역, 민음사, 2016) 68쪽에서 재인용한 것이다.

1883년—7월 3일, 당시 오스트리아-헝가리 이중제국에 속한 보헤미아의 수도 프라하에서 독일어를 쓰는 유대인 중산층 집안의 장남으로 태어났다. 아버지 헤르만 카프카(Hermann Kafka)는 보헤미아 남부지방의 푸주한의 아들로 태어나 궁핍한 시절을 보내다 상황 적응력이 뛰어나 상인이 되었고, 사회적 신분 상승과 주류 사회 진입을 위해 프라하로 옮겨와 시내에서 잡화상(장신구 가게)을 시작했다. 어머니 율리에 뢰비(Julie Löwy)는 양조장을 운영하는 독일계 유대인 중산층 출신으로 외가 쪽 가계에는 저명한 랍비나 거상이 여럿 있었다. 두 사람이 결혼하고 프라하의 셸레트나 거리에 새 상점을 연 지 1년 뒤, 첫 아이인 카프카가 부모의 상이한 출신 배경을 반영하듯 유대인 게토 지역과의 경계인 구(舊)시가 한복판에서 태어났다. 카프카 아래로 다섯 명의 동생이 있었지만 남동생 둘은 영아기에 사망하고, 세 여동생('엘리'라고 불린 가브리엘레, '발리'라고 불린 발레리, '오틀라'라고 불린 오틀리에)이 함께 자랐다. 카프카는 그중에서도 특히 막내 여동생과 친하게 지냈다. 어린 카프카는 '천둥 같은 목소리'로 가족 위에 군림하는 아버지를 닮기보다 어머니의 기억 속에서와 같이 예민한 감수성을 가진 '섬세한 아이'였다. 어린 시절 카프카의 사진을 두고 벤야민이 말한 것처럼, '한없는 슬픔을 품은 눈'과 '풍경의 소리에 귀를 기울이고 있는' 커다란 귀를 지닌.

　　1889년—프라하 구시가지에 있는 4년제 독일계 소년학교에 다녔다. 독일계 학교를 다닌 것은 당시 프라하 상류층 사회를 선망하는 부모님의 '단호한' 조치였다. 오스트리아 지방수도인 프라하의 45만 주민 가운데 독일어를 쓰는 상류층은 4만 남짓이었고, 나머지 대다수는 체코인이었다. 독일어는 행정, 교육, 상업, 예술의 언어였다. 오스트리아의 반(反)유대주의 사회에서 유대인으로 겪는 어려움은 차지하더라도, 체코인으로 남는 것 역시 '사회적 인정'을 최고 목표로 간주하는 아버지 헤르만에게는 용인될 수 없는 일이었다. 카프카와 동생들은 모두 독일인 학교에 다녔다. 결국 '독일어 사용 유대인'으로서 전통 유대교에도, 기독교 세계에도 완전히 동화될 수 없는, 더불어 프라하 주민의 대다수를 차지했던 체코인에도 속하지 못하는 '경계인'의 실존이 시작된 셈이었다.

1893년—독일계 왕립 김나지움에 진학했다. 구시가지 광장의 바로크식 건물인 킨스키 궁 안에 있는 이 학교는 카프카의 집에서 몇 걸음 안 되는 곳이었는데, 건물 1층에는 아버지의 가게도 있었다. '보헤미아 군주국 관리 수요를 충당하는' 이 학교에서 그는 평생을 함께한 친구들—사회주의적 지식을 전해준 루돌프 일로비(Rudolf Illowy), 같은 초등학교를 다녔던 시온주의자 후고 베르크만(Hugo Bergmann), 훗날 '노동자산재보험공사에 카프카를 추천해준 에발트 펠릭스 프리브람(Ewald Felix Pribram), 문학적 감수성을 지닌 오스카 폴라크(Oskar Pollak)—을 만났다. 그때까지 프라하는 '군주국의 보석함 또는 문인들의 집결지'라 불리기도 했지만, 독일인 지구와 체코인 상인지구, 유대인 지구를 가로지르는 보이지 않는 경계 위에서 언제 폭발할지 모르는 긴장이 흐르는 '복잡하고 폭력적인' 도시였다. 공허하기 이를 데 없고 그저 '우스꽝스러운 암기' 이상의 의미가 없는 김나지움 시절, 친구들은 건방지기는커녕 선량하고 상냥하지만 왠지 모르게 멀리 떨어져 있는 것 같은 카프카에게서 쉽게 다가갈 수 없는 낯섦을 느꼈다. '혼자서 자족하지만, 그러면서도 차가운 상상력을 가진 냉담함'은 이미 십대에 형성된 것이었다. 이처럼 주변 세계로부터 민감하게 뒤로 물러서는 그에게도 감추어진 '우정에 대한 소망'이 있었다. 고립된 자기 공간을 뛰쳐나오려는 시도에는 사회주의에의 동경이 있었다. 그를 사회주의로 처음 인도한 것은 친구 일로비였는데, 카프카는 어느 때의 수줍은 성격과는 달리 사회주의자임을 표시하는 붉은 카네이션을 가슴에 달고 자신의 신념을 공공연히 드러내기도 했다. 그는 혼자서 조숙한 독서를 이어갔다. 1897년경부터 문학에 마음을 두고 글을 쓰기 시작했는데 이 시기의 습작과 일기는 모두 유실되었다. 훗날 죽기 몇 해 전 막스 브로트에게 쓴 편지에서 자신은 "성년의 숲을 어린아이처럼 방황하고 있다"고 썼는데, 그런 의미에서 유실된 그의 유년의 기록은 아쉽다.

1900년―체코 동부 모라비아 지방 트리쉬의 시골 의사(공의)인 외삼촌 지크프리트 뢰비의 집에서 여름방학을 보냈다. 독신으로 살면서 탈무드에 정통했던 외삼촌은 광적으로 나다니기를 좋아하는가 하면 커다란 서재에 틀어박히는 기인적인 인물로 카프카가 외삼촌 중 가장 좋아했는데, 후일 그가 단편 「시골 의사(Ein Landarzt)」를 쓰는 데 영감을 주었다. 니체의 저작을 읽기 시작했다.

1901년―가을부터 프라하의 카를-페르디난트 대학에서 학업을 시작했다. 김나지움 졸업시험 전만 해도 철학과 관련된 직업을 가지려 했으나 아버지가 반대했다. 대학에 들어가 처음에는 오스카 폴라크와 함께 화학을 공부했지만 곧 '유망한' 법학과로 옮겼다. 여름 학기가 되자 예술사 강의를 듣는가 하면 당시 문학 월간지의 발행인이기도 한 아우구스트 자우어(August Sauer) 교수의 독문학 강의를 들었다.

1902년―가을, 뮌헨을 잠시 여행하면서 그곳에서 독문학을 전공할 계획을 세우기도 하지만 가족의 기대를 저버릴 수 없어 프라하에서 법학 공부를 계속했다. 그는 학기 중 규칙적으로 연극을 보러 다녔고 시 낭송회나 문학 강연에도 참석했다. 10월 23일, 그중 한 모임에서 평생의 지기가 되는 막스 브로트를 만났다. 집으로 돌아오는 길에 브로트와 카프카 사이에 쇼펜하우어와 니체에 대한 논쟁과 끝없는 대화가 이어졌다. 그는 니체 숭배자는 아니었다. 니체 주변의 '근원성 숭배의 주술'에 거리를 두면서 그는 투명하고도 진술한 언어를 찾아 책들의 숲으로 깊이 들어갔다. 오스카 폴라크에게 보낸 편지(1904)는 그 시절 카프카가 향하는 곳을 보여준다. "책을 읽어 행복해질 수 있다면 책이 없어도 마찬가지로 행복할 것이다. 그리고 행복하게 해주는 것이 책이라면 아쉬운 대로 자신이 쓸 수도 있을 것이다. 그러나 우리가 필요로 하는 책이란 우리를 몹시 고통스럽게 하는 불행처럼, 모든 사람을 떠나 인적 없는 숲 속으로 추방당한 것처럼 다가오는 책이다. 한 권의 책은 우리 내면의 얼어붙은 바다를 깨는 도끼여야만 한다." 이런 말을 당연하게 내뱉고 있는 자는 이제 겨우 스무 살이 된 청년이었다.

1905년—노벨레 「어느 투쟁의 기록(Beschreibung eines Kampfes)」(보존되어 있는 카프카의 첫 문학 작품)을 쓰기 시작했다. 아울러 막스 브로트, 오스카 바움(Oskar Baum), 펠릭스 벨치(Felix Weltsch) 등과 정기적으로 교유했는데, 이들은 후에 프라하의 유대계 문인그룹 '프라하 서클'을 형성했다. 그는 늘 그렇듯, 두 개의 세계를 오갔다. 하나는 '길가로 난 창문' 같은 우정으로 지탱하는 세계. 그는 친구들과 프라하의 카페들을 부단히 들락거리며 지식인과 예술가들을 만났다. 정치적이거나 철학적인 부류는 물론이고 폐쇄적인 서클 구성원과도 친분을 맺었다. 그의 일기와 편지는 그 무렵 프라하를 지배했던 문화 활동에 대한 기록이기도 하다. 다른 하나는 그의 밤을 지배하는 내면의 세계. 「어느 투쟁의 기록」에 근거해 말한다면, 이 무렵 그를 사로잡은 것은 인간과 세계를 지탱해 가는 것으로 보이는 '단순한 것'이 지니고 있는 마력, 그리고 거기서 오는 낯섦과 놀라움이었다. 강요된 생각과 움직임을 경계하고, 전통적인 버팀목을 제거해 버린 뒤 지상의 사물들을 보려는 긴장을 견디는 태도.(벤야민) 카프카는 그 무렵 일기에 이렇게 썼다. "가장 중요하고 마음을 끄는 소망은 생에 대해 어떤 조망을 갖고 싶다는 것이었다. 생을 그 자연스럽고 쓰라린 영고성쇠를 지니고 있는 모습 그대로 보면서 동시에 또렷이 하나의 허무로, 하나의 꿈으로, 하나의 끝없는 흔들림으로 인식하는 그런 조망을 원했다." 그것은, "젊음이라는 허상계와 나누는 일종의 결별"이었다.

1906년—법학 박사학위를 취득하고, 프라하 민사법원과 형사법원에서 1년간 법률 시보로 실습 과정에 들어갔다. 그가 바라는 '집으로부터 독립을 보장해 주면서 동시에 글쓰기에 가능한 한 많은 시간을 허락해 주는' 직업은 현실에 존재하지 않았다. 언제든 프라하와 가능한 멀리 떠나 살기를 꿈꿨지만, 그 역시 불가능했다.

1907년—미완성 단편 「시골에서의 혼례준비(Hochzeitsvorbereitungen auf dem Lande)」를 쓰기 시작했다. 그것은 2년 전 법학 공부에 지친 카프카가 잠시 프라하를 떠나 추크만텔이라는 고장의 요양소에 있던 체험(거기서 만난 기혼녀에 대한 첫사랑)에서 비롯된 것이었다. 그해 10월 이탈리아계 민간 보험회사에 취직했고 그곳에서 9개월 정도 근무했다.

1908년—3월, 문예지 『히페리온(Hyperion)』에 '관찰'이라는 제목으로 8편의 산문 소품을 발표했다. 그와 외부 세계를 연결시켜 준 역할은 막스 브로트가 맡았다. 그는 언제나 망설이는 카프카에게 새로운 작품을 쓰라고 고무하고 출판하도록 종용함으로써 카프카의 주변 세계에 대한 자기폐쇄를 막아주었다. 프라하 근교로의 여행도 마찬가지였다. 그는 카프카와 함께 이탈리아 북부·파리·스위스 같은 곳으로 휴가 여행도 함께 다녔다. 7월, 카프카는 민간 보험회사를 그만두고 '보헤미아 왕국 노동자산재보험공사'로 직장을 옮겨 그곳에서 1922년 7월 퇴직할 때까지 14년 동안 법률가로서 관리직으로 근무했다. 그는 빠른 시간에 '우수한 창안력'으로 인정받고 체코인 동료 직원 사이에서 호감을 얻었지만, 한편으로 관료기구의 무자비함을 체험하고 노동자들의 상황을 조사하면서 보험 기구에 대한 회의도 갖게 되었다. 따라서 사회적·정치적 관심도 부쩍 커졌다. 빈번히 혼자서 혁명적인 정치 집회에 참여하기도 했다. 하지만, "나의 내면의 삶을 서술하는 것에 대한 의미가 다른 모든 것을 부차적인 것으로 만들었다"는 고백처럼 그에게는 문학이 삶의 유일한 의미요 출구였다. 직장이 끝나면 밤 늦게까지 글쓰기에 몰두했다.

1909년—「어느 투쟁의 기록」의 일부인 「기도하는 자와의 대화(Gespräch mit dem Beter)」와 「취한 자와의 대화(Gespräch mit dem Betrunkenen)」가 『히페리온』에 게재되었다. 브로트 형제와 이탈리아로 여행을 떠나 브레시아에서 열린 항공전시회를 관람한 후 신문에 관련 글을 기고하기도 했다. 「브레시아의 비행기(Aeroplane in Brescia)」라는 이 글은 독일 문학에서 비행기라는 '기계'를 처음으로 묘사한 작품이었다.

1910년—본격적으로 일기를 쓰기 시작하여 방대한 분량을 남겼다. 카프카에게 일기는 자신의 삶을 성찰하는 통로일 뿐 아니라 문학적 착상을 기록하는 수단이자 그 자체 형상과 비유를 포함한 문학이었다. 그것은 '집중의 어려움'에서 기인한 것이기도 했다. 그는 주기적으로 아버지의 사업을 도와야 하는 등 좀처럼 글쓰기에 집중할 수가 없었다. 누구에게도 보여주려 하지 않았던 일기(브로트조차도 카프카가 죽기 전까지 볼 수 없었던)는 그로 하여금 끊임없이 글쓰기를 가능하게 해주는 기점이었다.

1911년―10월, 프라하 시내 카페 '사보이'에서 동유럽 유대인 순회 극단의 공연 〈배교자(Der Meshumed)〉를 관람한 이후 극단 배우 이츠하크 뢰비(Yitzhak Löwy)와 친밀하게 지내면서 동유럽 유대인들에게 보존되어 있는 유대교의 전통에 관심을 갖기 시작하면서 이 경험을 100페이지가 넘는 일기로 기록했다. 카프카 문학의 '연극성'을 고려할 때 이때의 경험이 중요한 계기가 되었을 것으로 추측할 수 있다. 그해 가을, 아버지의 자금으로 여동생 남편의 석면공장 사업에 동업자로 참여하지만, 사업이 부진하면서 가족들과 갈등을 빚었다. 두통이나 불면증으로 고통을 겪었다. 소설을 쓸 수 없을 것 같다는 절망감으로 자살까지 생각했다. 그러한 고통 속에서 첫 장편소설 『실종자(Der Verschollene)』(브로트 판에서는 '아메리카'라는 제목으로 1927년에 첫 출간되었다) 집필에 착수했다.

1912년―2월 이차크 뢰비와 함께 프라하의 한 강연회에서 '소수 민족 문학론'을 폈다. 그것은 "소수 집단 언어의 문학을 지칭한다기보다는 지배 집단의 언어권에서 소수 집단이 지탱해나가는 문학"을 의미하는 것이었다[들뢰즈 · 가타리, 『소수 집단의 문학을 위하여―카프카론(Kafka―Pour une littérature mineure)』 참조]. 그의 일기(1911년 12월 25일)는 이렇게 적고 있다. "지배 민족의 문학권에서 심부와 기저를 이루는 것, 다시 말해 건축물의 필수불가결한 지하층을 이루는 것이 소수 집단의 문학"인데, "지배 민족의 문학에서는 단순히 행인들의 발길을 붙잡는 것이 여기서는 삶과 죽음의 문제로 부각된다"는 것. 이를테면 카프카가 이자크 뢰비를 집으로 초대했을 때 아버지 헤르만이 그를 향해 내뱉은 말["벌레(Ungeziefer)"!]과 같은 존재들을 받아들이는 문학을 말하는 것이었다. 카프카 스스로도 말했듯이, 1912년은 그의 작가로서의 인생에서 전환점이 되는 해였다. 9월 22-23일 하룻밤 사이에 그의 문학에서 '돌파구'로 평가받는 단편 「판결(Das Urteil)」의 집필을 끝냈다. 그러고는 일기에 썼다. "그건 무서운 긴장과 희열이었다. …… 분명히 드는 확신은 소설을 씀으로써 나 자신이 글쓰기의 부끄러운 낮은 곳에 있다는 것이다. '오직 그렇게' 해서야 글이 써진다. 그런 집중 상태에서만 영혼과 육신이 완전히 개방됨으로써 글이 써진다." 『실종자』 쓰기도 계속하여 연말까지 첫 장인 '화부(Der Heizer)'에 이어 다섯 장을 완성하였다. 11-12월, 가장 널리 알려진 작품 「변신(Die Verwandlung)」을 썼고, 12월에는 첫 번째 작품집 『관찰』(18개의 산문 소품)이 에른스트 로볼트(Ernst Rowohlt) 출판사에서 출간되었다. 이 얇고 작은 책에 대한 프라하와 독일 신문의 비평은 대부분 짧은 몇 줄짜리였지만, 어쨌든 이는 카프카 문학의 출현을 알리는 커다란 사건이었다. 그해 8월 13일, 카프카는 브로트의 집에서 베를린 출신의 펠리체 바우어(Felice Bauer)를 처음 만났고, 그때부터 활발한 편지 왕래를 시작했다.(카프카의 나이 스물아홉, 네 살 연하인 펠리체는 타이프 라이터 속기사로 베를린의 구술축음기 회사에 취직하여 중책을 맡는 지위까지 오른 자립적인 여성이었다. 그는 그녀에게서 결혼의 가능성을 보았다.)

1913년—3월, 베를린에 있는 펠리체의 집을 처음으로 방문했다. 5월, 『실종자』의 첫 장에 해당하는 '화부'가 별도로 출간되고[쿠르트 볼프 출판사의 표현주의 문학 시리즈인 '최후의 심판일(Der jüngste Tag)'에 포함되었다. 이 출판사는 처음 에른스트 로볼트라는 이름이었으나 1912년 로볼트가 피셔 출판사의 경영 대리인으로 가게 되자 쿠르트 볼프(Kurt Wolff)가 경영을 맡으면서 개명한 것이다], 막스 브로트가 발행하는 문학 연감 『아르카디아(Arkadia)』에 「판결」이 실렸다. 「판결」은 카프카에게 있어 개인적인 기록을 결산하는 내용이며, 동시에 그의 문학의 새로운 시작으로서의 '원형'을 보여주는 작품이었다. 느닷없고 근거도 없이 아들을 문책하고 죽음을 선고하는 아버지(법 / 관료)의 세계, 어느 날 갑자기 '이유 없는 죄(원죄)'를 지닌 존재로 이 세계로부터 추방당하거나 죽임을 당하는 존재, 그리고 끊임없이 계속되는 소송. 키에르케고르의 저작들을 관심을 갖고 읽기 시작했고, 8월의 일기에 다음과 같이 쓴다. "예감대로 그의 경우는 본질적으로는 차이가 있지만 나의 경우와 매우 비슷하다. 적어도 그의 세계는 나와 같은 편에 있다." 11월에는 펠리체의 친구 그레테 블로흐(Grete Bloch)와 만나 서신 교환을 시작했다.

1914년—6월 1일, 베를린에서 펠리체 바우어와 약혼하지만 6주 후 (7월 12일) 베를린의 호텔 '아스카니셔 호프'에서 파혼했다. 원인은 카프카 자신에게 있었다. 자연스런 인생에 대한 동경과 결코 그 동경에 굴복하지 않겠다는 결의 사이에서 번민하던 그는 늘 전자에 실패했다. 그러한 동경이 오로지 문학에 바쳐진 자신의 삶을 배신할지 모른다는 두려움과 변화에 대한 불안 때문이었다. 그는 늘 "언제 나타나 삶을 파괴할지 모르는 정체 모를 어둠"을 끌고 살았다. "글쓰기가 나를 지탱해주고 있지만 그보다는 글쓰기가 이런 삶을 지탱해준다"고 믿었다. 다른 글쓰기 방법도 있었을 것이다. 그러나 "나는 이렇게밖에 쓸 줄 모른다. 불안이 나를 잠들게 내버려두지 않는 밤엔 나는 이렇게밖에 쓸 줄 모른다"고 고백할 수밖에 없었다. 비단 펠리체의 경우에만 해당하는 것이 아니었다. 이후 카프카는 새로운 이성 관계에서 거듭 실패했다[스위스 여성 G. W.(1913), 그레테 블로흐(1914년부터), 그리고 밀레나(1920년부터)와의 관계 역시도]. 8월 1일, 러시아에 대한 독일의 선전포고로 제1차 세계대전이 발발하나 카프카는 노동자산해보험공사의 요청으로 징집에서 면제되었다(그것은 그의 바람은 아니었다). 8월에는 장편소설 『소송(Der Proceß)』의 집필에 몰두했다.(파혼에서 드러난 사적인 삶에서의 실패는 물론이고 불길한 현실에서도 비켜섰다는 의식이 작용했을 것이다. 어쨌든 그의 창작 면에서 두 번째로 생산적인 국면을 맞았다.) 10월, 세계대전의 암울한 분위기에서 단편 「유형지에서(In der Strafkolonie)」와 『실종자』의 마지막 장 '오클라하마(Oklahoma)'를 썼다. 12월, 나중 소설 『소송』에 삽입될 핵심적인 비유담 「법 앞에서(Vor dem Gesetz)」를 완성해 이듬해 별도로 출간하였다.

1915년—1월, 카프카는 몇 작품의 집필에 계속 매달리지만, 장편소설 『소송』은 중단했다. 『소송』은 시작한 지 얼마 지나지 않아(1914년 8월 14일) 첫 장 '체포'와 마지막 장 '종말'을 거의 동시에 완성했고 중간 부분의 장들은 이후 비연속적으로 써나가려는 생각이었지만, 끝내 다 완성하지 못하고 다른 장편소설 『실종자』와 『성』과 마찬가지로 미완성으로 남았다. "장편소설을 쓸 때면 나 자신이 수치스러울 정도로 수준 낮은 문학에 머물러 있다는 확신이 들었다"고 토로하던 그는 그럴 때면 단편산문으로 되돌아갔다. 파혼 후 펠리체와 처음으로 재회했다. 3월에는 서른한 살의 나이에 그토록 견디기 어려워하던 가족 공동체를 떠나 프라하 시내에 처음으로 자기 방을 얻어 독립했다. 10월, 중편 「변신(Die Verwandlung)」이 잡지 『디 바이센 블래터(Die weißen Blätter)』에 발표되고 뒤이어 쿠르트 볼프 출판사에서 '최후의 심판일' 시리즈의 하나로 출간되었다. 그 사이 그의 작품들은 비교적 큰 범위의 독자층에게도 알려지기 시작했다. 독일 작가 카를 슈테른

하임(Karl Sternheim)이 카프카의 문학적 자질을 인정하여 폰타네상을 양보함으로써 카프카는 1913년 출판된 「화부」로 이 문학상을 수상했다.

　　1916년—4월, 일찍부터 카프카의 작가적 역량을 알아보고 자신이 관여하는 매체에 그의 작품에 대한 서평을 쓰기도 했던 오스트리아 작가 로베르트 무질(Robert Musil)이 프라하에 와서 카프카를 방문하였다(그는 당시 보병 중위 계급장을 달고 있었다). 7월에는 펠리체와의 관계가 회복되어 체코의 휴양지 마리엔바트에서 열흘간 함께 휴가를 보냈다. 그 무렵 라이프치히의 볼프 출판사로부터 직장을 휴직하고 원고 심사위원으로 와달라는 요청을 받았지만 건강상의 이유를 들어 거절했다. 10월, 「판결」이 '최후의 심판일' 시리즈로 출간되었다. 11월, 펠리체와 뮌헨을 여행하면서 그곳에서 작품 「유형지에서」로 두 번째 공개 낭독회('신문학의 밤')를 가졌다. 「유형지에서」는 '너무 고통스러운 내용'이라는 이유로 볼프 출판사에서도 단행본 출간을 거절했던 작품이었다. 무자비한 처형기계를 창안하고 사용하던 형리 자신이 그 기계의 끔찍한 희생자가 되는 이 작품의 낭송에 대한 반응은 차가운 것이지만(그의 유일한 위안은 그 자리에 참석한 라이너 마리아 릴케가 자신의 작품 『화부』에 대해 호의를 표했다는 것), 그는 후일 "뮌헨에서 나는 새로운 용기를 얻고 돌아왔다"고 회고했다. 11월, 2년 가까이 작품을 쓰지 못했던 카프카는 막내 여동생 오틀라가 제공한 프라하의 작은 집에 6개월 정도 머물면서 작품집 『시골의사(Eine Landarzt)』에 수록될 단편들[「회랑에서(Auf der Galerie)」 「이웃 마을(Das nächste Dorf)」 「황제의 메시지(Eine kaiserliche Botschaft)」]을 썼다.

　　1917년—전쟁으로 인한 연료 부족으로 추운 겨울 동안 오틀라의 작은 집에서 카프카가 몰두했던 것은 비유담을 통한 메타서사적인 단편산문들이었다. 어둡고 불안한 시대, 그는 이 시기의 짧은 산문들 속에서 비유와 우화, 독백, 대화, 희곡 등 여러 형태의 실험을 했다. 지난해 12월의 세 편을 포함하여 「시골 의사」, 「형제 살해(Ein Brudermord)」, 「가장의 근심(Die Sorge des Hausvater)」, 「사냥꾼 그라쿠스(Der Jäger Gracchus)」 등이 이때 집필된 것들이었다. 이러한 그의 글쓰기는 거대한 상징과 통합된 의미 체계를 해체하고 각각의 실존을 수수께끼 같은 메타포 앞에 세우려는 힘겨운 투쟁이었다. 막스 브로트는 '작은 방의 은둔자'를 방문하고는 카프카가 "대단히 아름다운 많은 작은 산문, 전설, 동화" 등을 쓰고 있다고 사람들에게 알렸다. 프리하의 생활은 전쟁이 막바지로 치달으면서 더욱 어려워지고 있었다. 7월 초 카프카는 프라하에서 펠리체와 두 번째 약혼을 했다. 두 사람은 부다페스트로 여행을 떠났다. 두 번째 약혼 후 카프카의 글쓰기는 다시 중단되었고, 심한 불면증과 두통이 찾아왔다. 8월 11일 새벽 그는 처음으로 각혈을 했고, 며칠 후 폐결핵 진단을 받았다. 그는 그 사실을 부모에게는 숨겼다. 브로트는 카프카를 만나고 돌아와 다음과 같이 썼다. "그는 그것(폐결핵)을 정신적인 것으로, 동시에 결혼으로부터의 구원으로 표현하고 있다. 그는 그것을 자신의 궁극적인 패배라고 칭하고 있다! 하지만 그 이후로 잠을 잘 잘단다. 해방되었다고? 고통스러운 영혼이다." 결국 당시로서는 불치병인 폐결핵 진단을 받은 후 카프카는 펠리체와 다시 파혼하기로 결심했다. 요양을 위해 여동생 오틀라가 작은 농장을 경영하는 북부 보헤미아의 취라우로 향했다. 거기서 이듬해 5월까지 8개월간 머물면서 카프카는 두 가지 형식의 글쓰기를 시작했다. 하나는 전통적인 교양 신화를 아이러니하게 해체하거나 변형시킨 새로운 유형의 산문 텍스트[돈키호테의 일부를 변형시킨 「산초판자의 진실(Die Wahrheit über Sancho Pansa)」, 오디세우스 신화를 다르게 설정한 「세이렌의 침묵(Das Schweigen der Sirenen)」」과, 다른 하나는 인간과 신, 죄와 고통, 원죄, 선과 악 등에 관한 특유의 성찰을 담은 '잠언(아포리즘)'이 그것이었다. 12월 25일, '오스트리아 조간신문'에 인간이 되는 길을 걸어온 원숭이 '빨간 페터'의 이야기 「학술원에 보내는 보고서(Ein Bericht für eine Akademie)」가 게재되었다. 같은 날 프라하에서 펠리체와 만나 두 번째 파혼을 하였다.(펠릭스는 카프카와 헤어진 지 1년 3개월 후 베를린의 은행 지배인과 결혼했다.)

1918년—5월, 프라하로 돌아와 직장생활을 다시 계속했다. 10월, 1차 세계대전이 끝난 후 오스트리아-헝가리 이중제국이 해체되면서 체코공화국(10월 28일)이 탄생했다. 12월, 프라하 북쪽에 있는 셸레젠으로 가서 4개월간 요양을 시작했다.

1919년—단편 「유형지에서」가 5월 쿠르트 볼프 출판사에서 '드루굴린 인쇄물(Drugulin-Drucke)'로 출간되었다. 9월 중순, 아버지의 반대에도 불구하고 요양지 셸레젠에서 만난 체코의 유대인 수공업자의 딸 율리에 보리체크(전쟁 중 약혼자를 잃은 그녀 역시 그곳에서 요양하고 있던 폐결핵 환자였다)와 약혼을 발표했다. 가난한 집안 딸과의 약혼에 대한 아버지의 격분이 자신의 정당성을 확인시켜 주는 것이라 믿은 카프카는 결혼을 추진하지만 현실적인 조건을 마련할 수 없게 되자 유예되다가 결국 실패했다. 그는 다시 한 번 정신적인 패배를 맛보아야 했다. 셸레젠에 머물면서 그는 장문의 『아버지께 드리는 편지(Brief an den Vater)』를 썼다. 이는 유년기에서부터 카프카의 인생을 가로지르고 있는 '부자 갈등'에 관한 장문의 기록물로서 카프카 문학을 이해하는 데 중요한 자료로 남았다(여동생 오틀라의 반대로 이 편지는 실제 아버지에게 건네지지는 않았다).

1920년―반복되는 결근에도 직장 생활을 하던 카프카는 건강이 악화되면서 동부 알프스 산맥에 있는 메란으로 다시 요양을 떠났다. 직장 동료의 아들 구스타프 야누흐(Gustav Janouch)가 카프카를 자주 찾아와 함께 산책하고 대화를 나누었다[야누흐는 나중에 그때로부터 4년간의 만남을 회상 형식으로 써내려간 『카프카와의 대화(Gespräche mit Kafka)』(1951)라는 중요한 자료를 출간하였다]. 그는 그곳에서 25세의 한 체코 여성에게 보내는 첫 편지를 썼다. 그녀는 문인이자 은행가의 아내로 빈에 살고 있었는데 카프카의 작품을 체코어로 번역해도 좋은지를 청한 적이 있었다. 밀레나 예젠스카(Milena Jesenska)와의 서신 왕래는 그렇게 시작되었다. 외과의사이자 프라하의 체코 대학교수의 딸인 밀레나는 체코 공화국의 얼마 안 되는 '해방된' 신여성이었다. 그녀의 도전적이며 단호한 사랑 앞에 카프카는 당혹스러웠지만 그렇다고 뒤로 물러설 수만은 없었다. "어떤 사람이 더럽고 냄새나는 임종의 침상에 누워 있는데 …… 죽음의 천사가 와서 그를 바라보고 있습니다. 이 남자가 도대체 감히 죽어도 되는 걸까요?" 밀레나는 놀라운 직관으로 그의 문학을 알아보았다. "그는 생에 저항하는 것이 아니라, 다만 지금 여기 이런 생(生)의 방식에 저항"하는 것이라는 사실 또한 알게 되었다[이러한 두 사람의 관계가 말년의 카프카에게 어떤 의미였는지, 어떤 이유로 더 나아가지 못했는지에 대해서는 모리스 블랑쇼의 「밀레나의 실패」(『카프카에서 카프카로』, 이달승 옮김, 그린비, 2013)를 참조]. 카프카는 다시 글을 쓰기 시작했다. 그해 5월 두 번째 단편집 『시골의사』가 쿠르트 볼프 출판사에서 출간되었다(같은 제목의 소품을 포함해 14편의 단편이 수록됨). 12월에는 슬로바키아 타트라 산지의 마틀리아리 요양소에서 9개월간 지냈는데, 이 시기에 우화적 단편 「귀향(Heimkehr)」 「작은 우화(Kleine Fabel)」를 집필하였다. 이곳에서 후일 자신의 임종을 지킨, 동료 환자이자 의대생이던 로베르트 클롭슈토크(Roert Klopstock)를 알게 되었다.

1921년—8월 말, 다시 프라하로 돌아가 회사로 복귀하지만 두 달 만에 다음 해 은퇴할 때까지 다시 장기간 휴가를 얻었다. 10월 초, 그를 찾아온 밀레나에게 10년간(1910-1920)의 일기를 모두 건네주고, 일기를 새로 쓰기 시작하였다(『실종자』 원고와 『아버지께 드리는 편지』는 이미 그녀가 보관하고 있었다). 이어 막스 브로트에게 자신의 사후에 발견되는 모든 원고를 불태울 것을 부탁하였다(1922년 11월에도 같은 사안을 재차 부탁).

1922년—1월, 불면과 절망으로 신경쇠약 증세를 보인다고 일기에서 토로하였다. 1월 27일, 체코 북부 리젠 산맥의 슈핀델뮐레에서 3주간 요양하면서 마지막 장편소설 『성(Das Schloß)』을 집필하기 시작했다. 그리고 2월 17일, 요양에서 돌아와 단편 「첫 고통(Erstes Leid)」 「단식 광대(Ein Hungerkünstler)」 「어느 개의 연구(Forschungen eines Hundes)」 등을 썼다. 몸이 쇠잔해지는 것과 함께 그의 문학(편지와 일기를 포함하여)에서 법의 경계 바깥에 있는 존재들, 기형(奇形)들, 동물적인 존재들이 '카프카적 인물들'의 본질로 더욱 드러나게 된다. 7월 1일, 14년간 재직한 회사를 그만두고 연금생활을 시작했다. 8월 말, 다시 신경쇠약 증세가 나타나 여름에 프라하 서쪽의 플라나에서 요양생활을 시작하면서 그곳에 있는 여동생 오틀라의 여름별장에서 거주했다. 10월, 다시 밀레나를 만나 『성』의 원고(결국은 미완으로 남겨진)를 넘겨주었다.

1923년—병상 생활이 한층 잦아진 상황에서 시오니즘에 더욱 열의를 보이며 히브리어 공부에 집중했다. 4월, 학창시절의 친구 후고

베르크만의 방문을 받고 팔레스타인으로의 이주 계획을 세우기도 했다. 7-8월 사이 여동생 '엘리'의 네 가족과 함께 발트해 뮈리츠로 여행을 떠났다. 이 여행에서 열다섯 살 연하의 마지막 연인인 유대계 폴란드인 도라 디아만트(Dora Diamant)를 만났다(카프카는 도라와 함께 텔아비브로 이주해 식당을 운영할 계획까지 세우지만 실행에 옮기지는 못했다). 9월 24일, 도라 디아만트와의 동거를 위해 거의 평생을 머물렀던 프라하를 떠나 베를린으로 이사했다. 요양소를 전전하며 시간을 낭비하기보다 도라 디아만트와 함께 그토록 원했던 자유 작가로서 살며 글 쓰는 일로 최후를 맞고 싶다는 소망 때문이었다. 그곳에서 단편 「작은 여인(Eine kleine Frau)」과 「굴(Der Bau)」을 집필했다.

1924년—3월 17일, 건강 상태가 악화되자 막스 브로트가 카프카를 프라하로 데려오고, 카프카는 마지막 작품 「여가수 요제피네 (Josefine, die Sängerin oder Das Volk der Mäuse)」를 썼다. 4월, 폐결핵이 후두 부위까지 진전되었다는 진단을 받았다(카프카는 점차 말하는 능력과 음식물 섭취 능력을 상실했다). 남부 오스트리아의 비너발트 요양소를 거쳐 4월 19일에 빈 북쪽 키얼링 시의 호프만 요양소로 옮겨져 생애 마지막 시간을 보냈다. 마지막 연인 도라 디아만트와 1920년부터 친교를 가졌던 의사 로베르트 클롭슈토크가 카프카를 간호했다. 요양소에서 마지막 작품집 『단식 광대』의 원고를 교정했다(「첫 고통」, 「작은 여인」, 「단식 광대」, 「여가수 요제피네」 등 네 편을 수록한 이 작품집은 카프카가 막스 브로트에게 남긴, 모든 유고를 불태워달라는 유언에서 제외되어 같은 해 8월 베를린의 슈미데 출판사에서 출간되었다). 6월 3일, 호프만 요양소에서 카프카는 마흔 살의 나이로 사망했고, 6월 11일 프라하의 신유대인공동묘지에 안장되었다. 카프카가 죽은 날로부터 프라하의 독일어판 신문에는 그의 죽음을 애도하는 글들이 실렸다. 그중에는 밀레나의 것도 있었다. "그는 겁 많은, 고뇌에 찬, 순하고 선한 인간이었지만, 그가 썼던 작품은 잔인하고 고통스러운 것이었습니다. 그는 아무런 방어책도 없는 한 인간을 쓰러뜨리는 눈에 보이지 않는 악마들로 채워진 이 세상을 보았습니다. …… 그의 모든 작품은 인간으로 하여금 죄책감을 갖게 하는 기이한 오해와 규정할 수 없는 실수에 대한 공포를 불러일으키고 있습니다. 그는 너무도 양심적이어서 다른 인간들이, 귀머거리들이 이미 확실하다고 느끼고 있는 바로 그 지점에서조차도 여전히 경계를 늦추지 않았던 양식을 부여받은 한 인간이었으며 예술가였습니다." '프라하의 사색가'는 사람들의 기억 속에서만 남게 되었다. 카프카가 죽은 지 2개월이 지난 8월 말 그가 죽음의 순간까지도 놓지 않고 수정했던 『단식 광대. 네 개의 이야기』가 슈미데 출판사에서 출간되었다.

* 카프카의 죽음과 함께 그의 삶과 그의 작품에 대한 기억도 어둠 속으로 들어갔다. 그의 존재를 채웠던 불안은 현실이 되었다. 히틀러가 집권한 1933년부터 1945년까지의 시간은 무엇보다 그의 작품에 대한 타격으로 시작되었다. 게슈타포는 도라 디아만트의 베를린 집을 수색하여 원고 꾸러미를 압수했다. 1935년에 시작된 최초의 전집 출판은 처음에는 방해를 받다가 그 다음에는 금지되었다. 문서실은 파괴되고 자료들은 유실되었으며, 그의 삶을 이야기해줄 증인들은 살해당했다. 카프카의 세 여동생들은 나치의 강제수용소로 끌려가 거기서 죽었다. '그가 만일 그때 살아 있었더라면' 하는 상상은 예리한 고통을 가져다준다. 일찍이 그의 문학을 읽어내려 했던 동시대의 예민한 지성 벤야민의 죽음이 어떤 것이었는지를 우리가 기억하고 있으므로.

에디투스의 인문 교양 플랜 1─주제들(THEMEN)

무지와 등을 맞댄 낙관이 출렁이는 시대는 위태롭다. 지(知)의 저수지는 바닥이 드러났는데, 지식과 정보가 넘쳐나는 풍경은 기이하기조차 하다. '주제들' 시리즈는 이 사유의 불모에 놓이는 지혜의 묘판(苗板)이고자 한다. 책은 작고 얇지만, 여기에 담긴 인문적 사유의 가치는 결코 만만치 않은 것들이다. '석학들의 작은 강연'이라 부를 수도 있는 이 텍스트들이 던지는 주제가 무엇이든, 그것이 모순된 시대를 응시하는 시선을 깊고 풍부하게 할 것임을 의심하지 않는다.

1. 장 볼락, 『파울 첼란 / 유대화된 독일인들 사이에서』, 윤정민 옮김

2. 게르하르트 노이만, 『실패한 시작과 열린 결말 / 프란츠 카프카의 시적 인류학』, 신동화 옮김

3. 데이비드 E. 웰버리, 『현대문학에서 쇼펜하우어가 남긴 것』, 이지연 옮김

4. 세스 베나르데테, 『소크라테스와 플라톤의 사랑의 변증법』, 문규민 옮김

5. 폴 A. 캔터, 『양심을 지닌 아킬레스 / 맥베스와 스코틀랜드의 복음화』, 권오숙 옮김

6. 호르스트 브레데캄프, 『재현과 형식 / 르네상스의 이미지 마법』, 이정민 옮김

7. 데이비드 E. 웰버리, 『괴테의 파우스트 / 비극적 형식에 대한 성찰』, 이강진 옮김

'주제들' 시리즈는 계속 출간됩니다.

옮긴이 신동화

서울대학교 독어독문학과를 졸업하고 같은 과 대학원에서 석사학위를 받았다.
출판사에서 문학 편집자로 일했으며 한국문학번역원 특별과정을 수료했다. 현재
프리랜서 번역가로 활동 중이다.

실패한 시작과 열린 결말 / 프란츠 카프카의 시적 인류학 주제들 2

제1판 1쇄 2017년 10월 25일
제1판 2쇄 2023년 08월 01일
지은이·게르하르트 노이만 | 옮긴이·신동화

펴낸이·연주희
펴낸곳 ·에디투스 | 등록번호 제2015-000055호
주소·경기도 성남시 분당구 황새울로351번길 10,401-N13
전화·070-8777-4065 | 팩스·0303-3445-4065
이메일·editus@editus.co.kr | 홈페이지·www.editus.co.kr
인쇄 및 제본·(주)상지사 피앤비
값 15,000원

ISBN 979-11-960073-3-1   979-11-960073-1-7 (세트)
이 도서의 국립중앙도서관 출판예정도서목록(CIP)는 서지정보유통지원시스템
홈페이지(seoji.nl.go.kr)와 국가자료공동목록시스템(www.nl.go.kr/kolisnet)에서
이용하실 수 있습니다. CIP제어번호: CIP 2017026627